ひとり暮らしさんの

上手な自炊生活

ムリなく楽しくをモットーに、自分で作るおうちごはん

もくじ

第1章 準備

第2章 作る

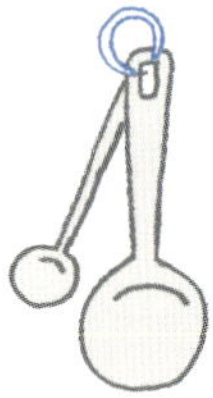

第3章 レシピ

第4章 片づけ

第5章 道具

＊表示のないレシピの分量は、１人分です。
＊計量器具はいずれもすり切りで１カップ＝200ml、大さじ１＝15ml、小さじ１＝5mlです。
＊電子レンジは600Wのものを基準にしています。

1
準備

1 準備

キッチン道具をそろえる

基本のキッチン道具は
じっくり選んで長く使いましょう。

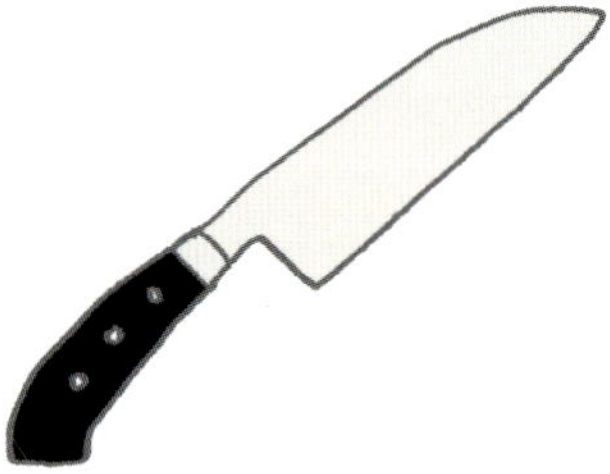

包丁

最初の1本には刃渡り20cm前後の文化包丁を。サビないステンレス製、軽くて切れ味が長持ちするセラミック製が人気です。

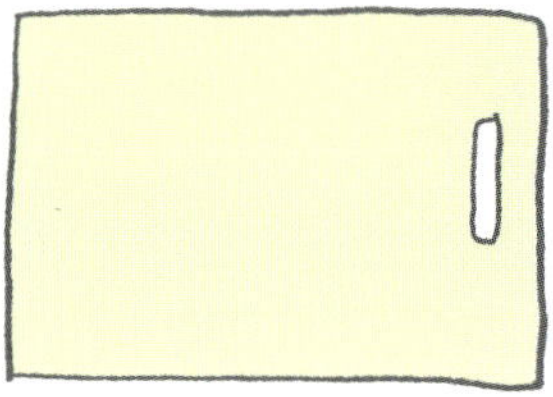

まな板

扱いやすいプラスティック製がおすすめ。小さいキッチンでは、調理台としても活躍するため、やや大きめの40×25cmくらいを基準に。

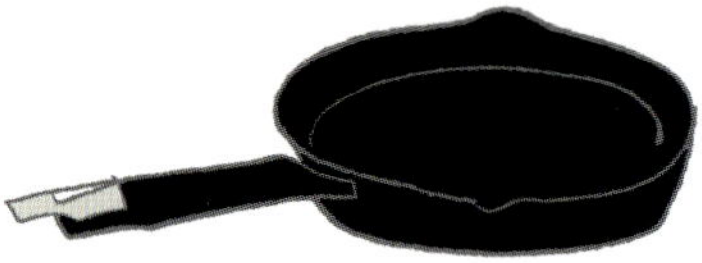

フライパン

直径24cm前後のフッ素樹脂加工タイプがベスト。深さがあるほうが、炒めやすく、揚げもの、煮ものに使うこともできます。

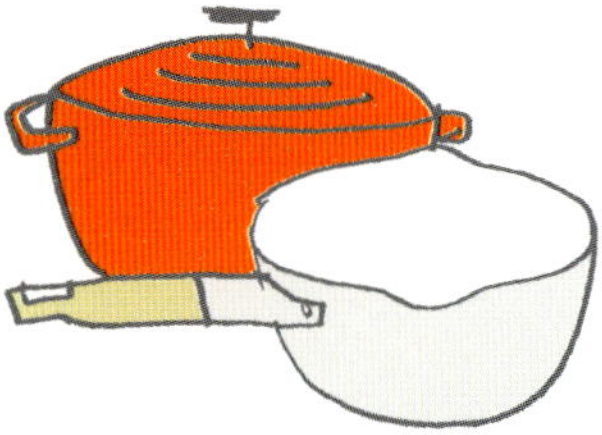

鍋

1～2人分の料理に適した直径18cmの鍋と、パスタや野菜をゆでる直径20cmの深鍋があればたいていのレシピに対応できます。

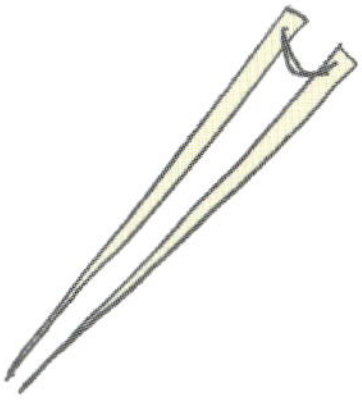

菜箸

盛りつけは普通の箸でも代用できますが、調理用に長めの菜箸があると便利。直火にあたっても焦げにくい竹製がよいでしょう。

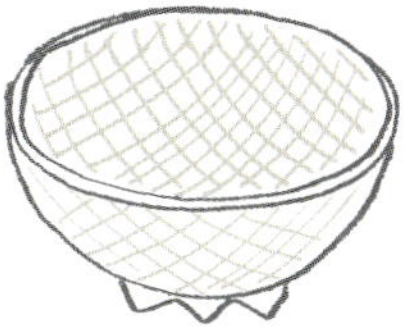

ざる

ボウルに入る大きさのもの、または底に支えがついているものを選びましょう。取っ手がついていれば湯切りが簡単です。

ボウル

直径20cm程度のものをメインに、大小3つくらい。耐熱ガラス製なら、電子レンジを使った下ごしらえにも利用できます。

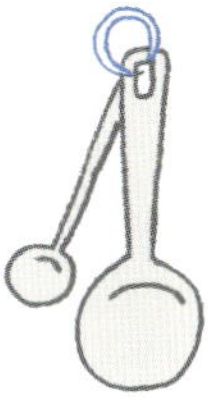

計量スプーン

料理初心者のうちは、キッチリ計量して感覚をつかみましょう。液体調味料だけでなく、粉類を量るときにも使えます。

フライ返し

フッ素樹脂加工のフライパンに傷をつけないプラスティック製がおすすめ。やや重みがあるほうが使いやすいでしょう。

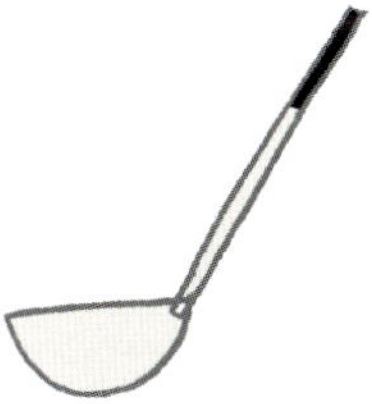

おたま

ひとり暮らし用の小さな鍋に合わせて、大きすぎず、平たいタイプがよいでしょう。横に注ぎ口のあるレードルならスープやソースをきれいによそることができます。

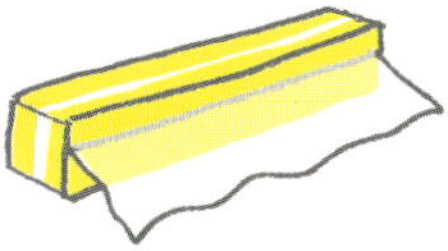

ラップ

残りものを保存・加熱するときに使います。また、肉や魚にパン粉や小麦粉をつけるとき、まな板やトレーにラップをしくと、後始末も簡単です。

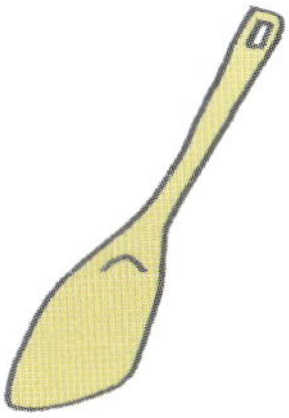

木べら

炒めたり、混ぜたり、裏ごししたりと、なんにでも使える優れモノ。穴あきタイプは具材が離れやすいという利点があります。

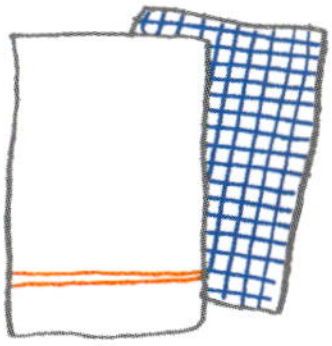

ふきん

食器をふくために使います。いつもパリッと乾いたふきんを使うために、多めに用意したいところ。さらしの和ふきんは、食材の水けをふき取るときにも役立ちます。

1
準備

あると便利なキッチン道具

絶対必要なものの次に買いたいのは
料理がもっと楽しくなる道具です。

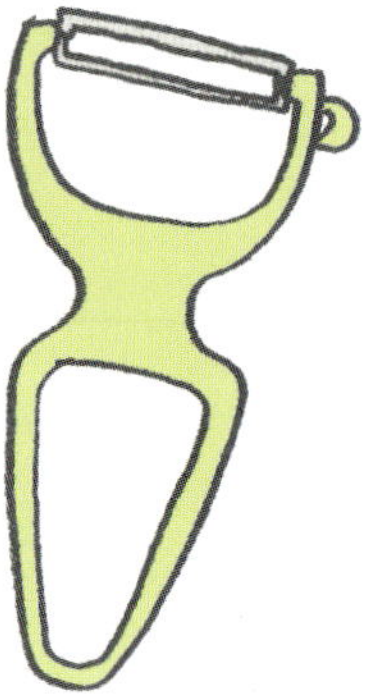

ピーラー

包丁がまだ苦手という人も安心して使える皮むき器。ごぼうをささがきにしたり、セロリの筋取りをするときなどにも便利です。

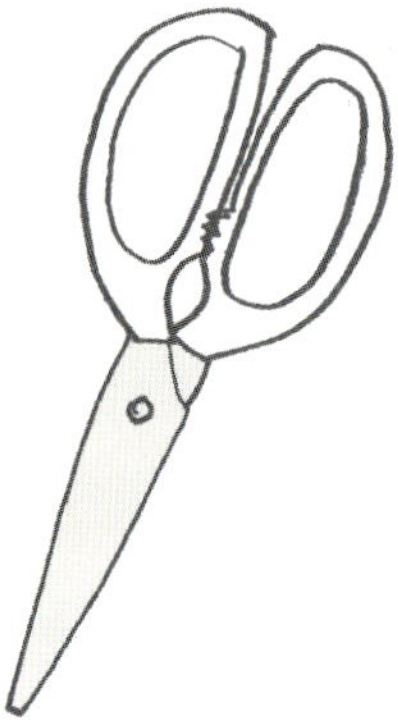

キッチンばさみ

袋を開けるときはもちろん、唐辛子やパセリなどを細かく切ったり、鶏肉の皮やエビの殻を取り除くときにも役立ちます。

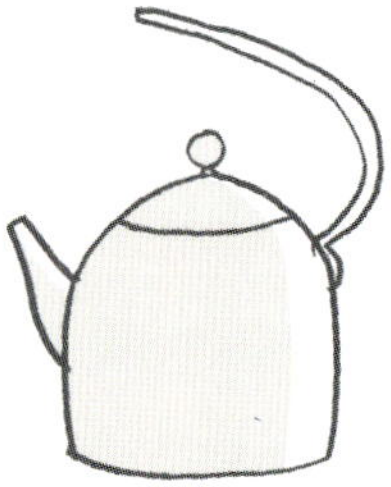

やかん

魚の臭みをとったり、油揚げの油抜きをしたりと、料理中に熱湯の出番は多いもの。調理前に沸かしておけば、料理のスピードもアップします。

カセットコンロ

テーブルで鍋料理をするときだけでなく、1口コンロのミニキッチンでは、2つ目のコンロとしても活躍します。

おろし金

だいこんやしょうがのすりおろしに。セラミック製は、洗いやすく、においも残りません。

計量カップ&はかり

計量カップは、調理の基本単位である1カップ＝200mlサイズが一般的。はかりは、1g単位で1kgまで量れるデジタルタイプがおすすめ。

泡だて器

卵や調味料を混ぜるときに使います。少量の材料でも混ぜやすい、やや小さめのものを選ぶとよいでしょう。

保存容器

おかずやご飯を保存するひとり暮らしの必需品。いろいろなサイズの容器をそろえ、冷蔵庫にすっきり収納しましょう。

キッチンタイマー

ほかの調理に夢中になっている間に、パスタゆですぎ！といった失敗を防ぐためにも、あると便利。秒単位まで計れるものを選びましょう。

フードプロセッサーを使ってみる

刻む、する、混ぜる、こねるなど、面倒な下準備をまとめて引き受けてくれるフードプロセッサー。ハンバーグや餃子のタネがあっという間にできあがり、料理の幅も広がります。冷凍フルーツ＋砂糖＋生クリームを混ぜれば極上アイスクリームも楽しめます。

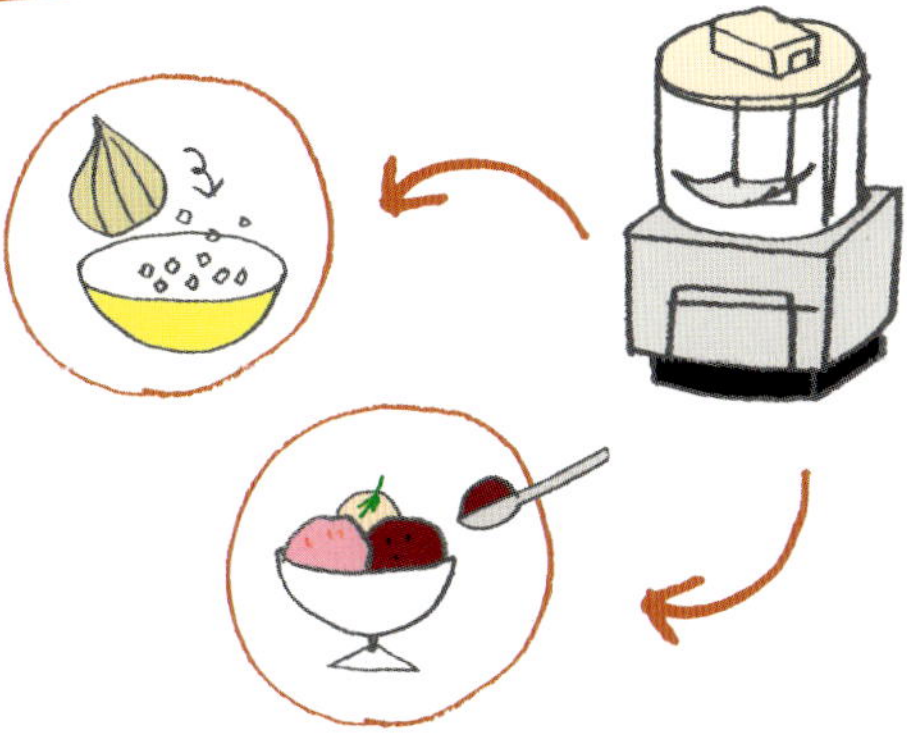

食器

自分の好きな食器で食事をするのもひとり暮らしの楽しみのひとつです。

まずそろえたいもの

おわん

具だくさんの汁ものにも対応できるよう、やや大きめのサイズが便利。陶器のミニボウルでも代用できます。

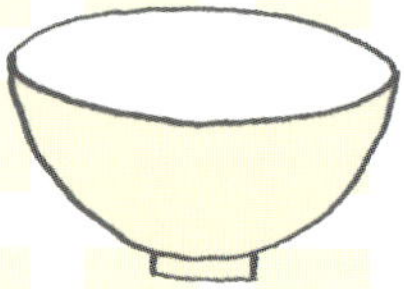

茶わん

飽きのこないものを選びましょう。厚い茶わんは素朴なかわいらしさが、薄い茶わんはシャープな上品さが魅力です。

カトラリー

どんな器にも合うよう、シンプルなものを。柄と本体が一体化した同素材のほうが洗いやすいでしょう。

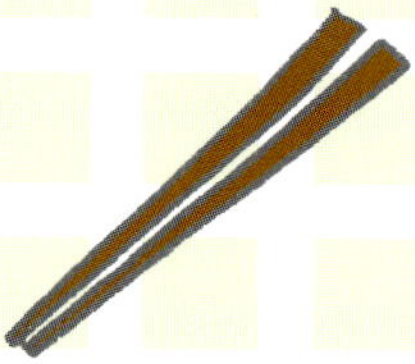

箸

長さや太さの好みは人それぞれ。あれこれ見比べ、しっくり手になじむ箸で食事を楽しみましょう。

食器集めはあせらずに

最初にあれもこれもと買いそろえるよりは、実家から持ってきたものを使いながら、気に入った器を少しずつそろえていきましょう。「白い器が好き」「このブランドの食器を集めたい」など好みが決まれば、統一感が生まれます。

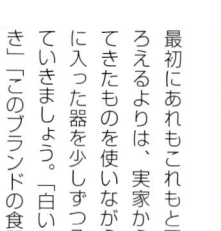

どんぶり

大小そろえると便利。大きいどんぶりはラーメンやサラダに、小さいものはスープや小鉢料理に。

皿

まずほしいのはワンプレートごはんにも使える24cm前後の大皿と、20cmの丸皿。やや深みがあるほうが使いやすいでしょう。

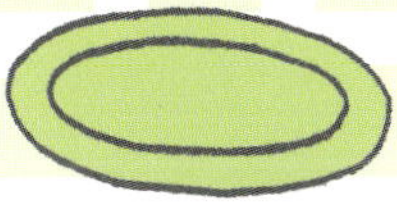

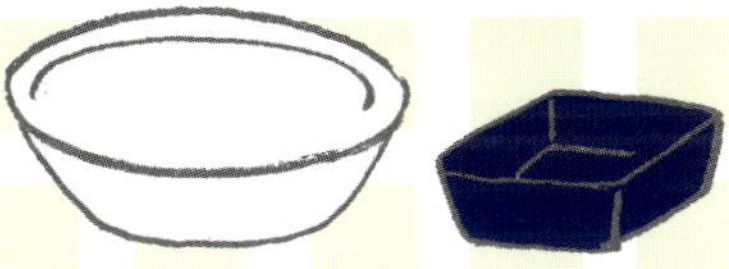

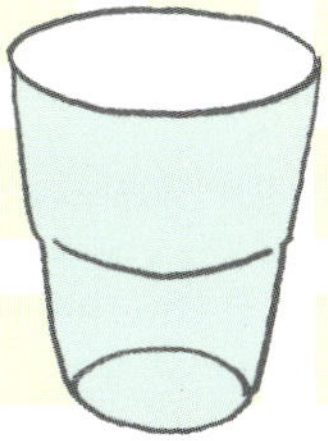

グラス

くもりやすいガラスの器は洗いやすさを大切に。底までスポンジが届き、しっかり洗えるかチェックしましょう。

マグカップ

のんびりティータイムを楽しみたいなら、たっぷり入って冷めにくい、大きめで厚めのものを。

和食器に洋食、和食に洋食器も新鮮!

洋食は洋食器と決めつけず、ときにはパスタやソテーを和食器に盛りつけ、和モダンテイストを楽しむのもおすすめです。また、魚用の長方形の和食器に、マリネや野菜スティックなどを少しずつ盛りつければ、すてきなおもてなし料理になります。

調味料はこれだけ

みりんや料理酒もそろったキッチン。
なんだかやる気がわいてきます。

● 砂糖

一般的なのは上白糖。煮ものには甘味とコクがある三温糖が向いています。湿気を嫌うため密閉容器で保存しましょう。

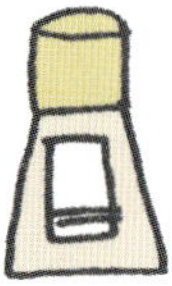

● こしょう

香りと辛みが強い黒こしょうは肉料理に、マイルドな白こしょうは魚・卵料理によく合います。

● みそ

白みそ、赤みそ、八丁みそなどがありますが、2種類まぜて使うと本格的な仕上がりに。表面が空気に触れないようラップをして保存します。

● 塩

味つけのほか、食材の水分を抜いたり、臭みを取ったりする下ごしらえの必需品。においを吸着しやすいため、玉ねぎやにんにく、石けんなどのそばには置かないようにしましょう。

● しょう油

料理全般に使える濃口しょう油を選びましょう。薄口しょう油は、色味は薄くても、塩分は濃口しょう油より強めです。

酢

さっぱりした穀物酢と、コクのある米酢が一般的。好みに応じてどちらを使ってもOKですが、酢のもののように、お酢の味を楽しむ料理には米酢が合います。

みりん

料理に風味と甘味を加える調味用のお酒です。砂糖にはない独特のうま味がつき、まろやかな仕上がりに。

ケチャップ・マヨネーズ

ケチャップは卵料理やハンバーグにかけたり、パスタの味つけなどに。マヨネーズは魚料理や揚げもののソースとして幅広く使えます。

ソース

サラリとした辛口のウスターソース、とろみがありフルーティーな甘味があるとんかつソース、その中間の中濃ソースと、好みや料理に合わせて使い分けます。

料理酒

肉や魚の臭みを取ったり、つやを出したり、料理の香りづけに使われます。飲用酒を料理に使っても問題ありませんが、うま味やコクの素であるアミノ酸を多く含む料理酒のほうがおいしく仕上がります。

スープの素

だしをとる時間がないとき、ちょっと料理の味が薄いかな…と思ったときに。和風、洋風、中華風と料理に合わせてそろえます。

ひとり暮らしの調味料は量より質で！

大さじ1杯、ひとつまみといったスローペースで使う調味料類。ファミリーサイズを買ってダメにしてしまうより、量は少なめでも、こだわりの高級調味料をそろえたほうが、ムダもなく、料理の味もグンと本格的になります。天然塩、有機大豆のしょう油などで贅沢気分を味わいましょう。

1
準備

スーパーに行ってみる

近所にスーパーを見つけたら
まずはじっくり探検してみましょう。

● 鮮魚コーナー

料理初心者なら、まずは扱いやすい切り身魚がおすすめ。お弁当箱にもきれいに詰められます。一尾魚でも、店員さんに頼めば、おろしてくれるスーパーもあります。秋はさんま、冬はぶりなど旬を意識して選びましょう。

● 惣菜コーナー

今日のメニューにもう一品加えたいときに。天ぷらを買って天ぷらそばに、とんかつをかつ丼にと、自分流にアレンジしてもよいでしょう。閉店間際にはグッと値引きされることが多いので、要チェック！

● 卵・パン・牛乳

多少割高であっても、ミニサイズを買うほうがおすすめ。いずれも鮮度を重視し、買い置きは避けます。最近人気の豆乳には独特の甘味とコクがあります。シチューやカフェオレに使ってもよいでしょう。

精肉コーナー

部位や肉の厚さをよく確認しましょう。食品表示のシールに、しゃぶしゃぶ用、シチュー用などと記載のある場合もあります。鶏のもも肉は脂身を除くとかなり量が少なくなるため、レシピ通りではなく少し多めに買います。

青果コーナー

じゃがいもやにんじんなどの根菜類は日持ちするため、ストックしても大丈夫です。鮮度が失われやすいトマトやきゅうりといった果菜類は、食べる日に食べる分だけ買うのが理想。最近では、カレーや鍋用の野菜を少量セットしたものも売っています。

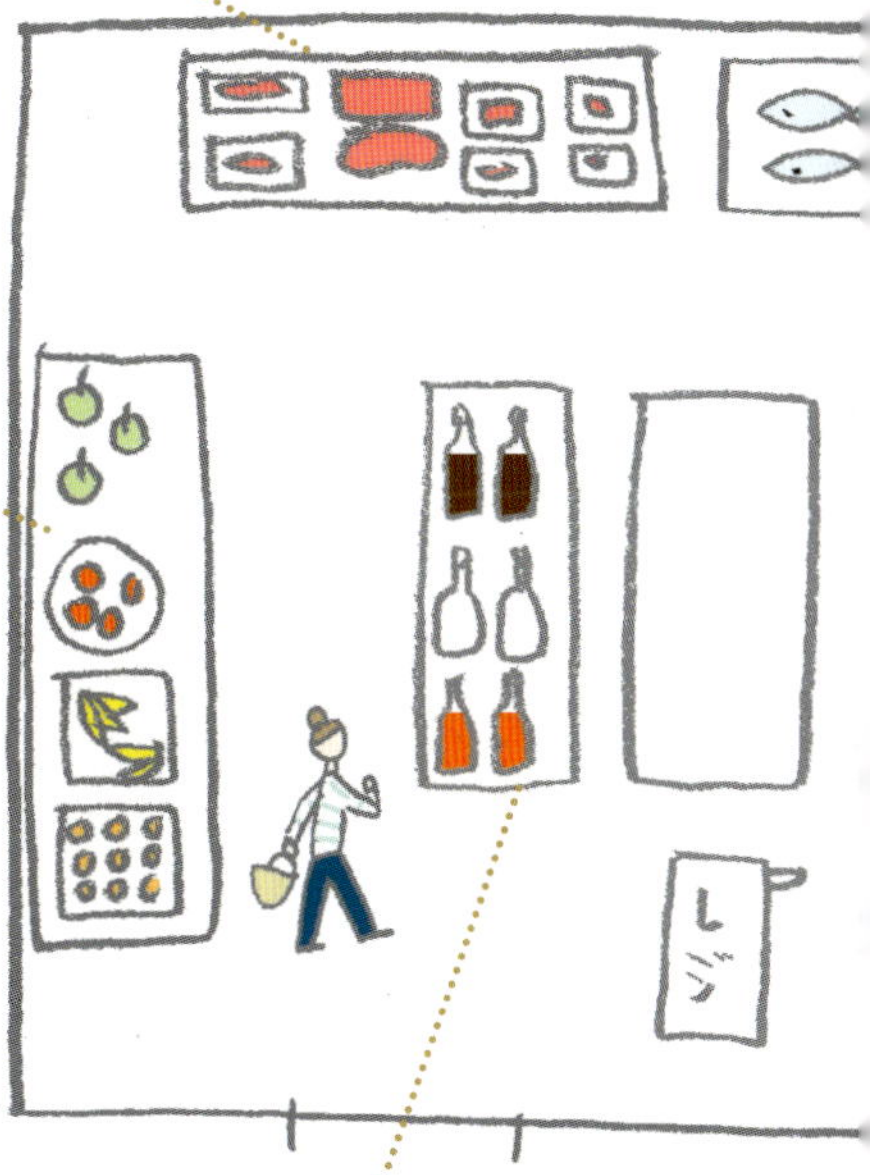

※各コーナーの配置は店舗によってさまざまです。

週末まとめ買いがおすすめ

保存のきく食材は週末にまとめ買いしましょう。平日会社や学校帰りの買いものがスピーディになり、メニューも決めやすくなります。

調味料コーナー

いざ使おうと思ったらない！ということがよくあるのが調味料。そろそろなくなりそうだなと思ったら、早めに買い置きしておきましょう。

1
準備

牛肉と豚肉を買う

やっぱりおいしい牛肉と豚肉！
部位に合った調理で腕を振るいましょう。

肩ロース
-chuck-

適度に脂肪があり、やわらかい部分ですが、筋が多いため薄切りにして、すき焼きや焼き肉などに用います。

リブロース
-rib-

赤身の肉に細かく脂肪が入った、霜降り部分が多いのが特徴です。肉のきめが細かく味もよい上等な部位。ステーキやローストビーフに適しています。

サーロイン
-sirloin-

霜降りの部分も多く、味のよさ、やわらかさも抜群です。ステーキのための肉ともいわれ、最高の味が楽しめます。

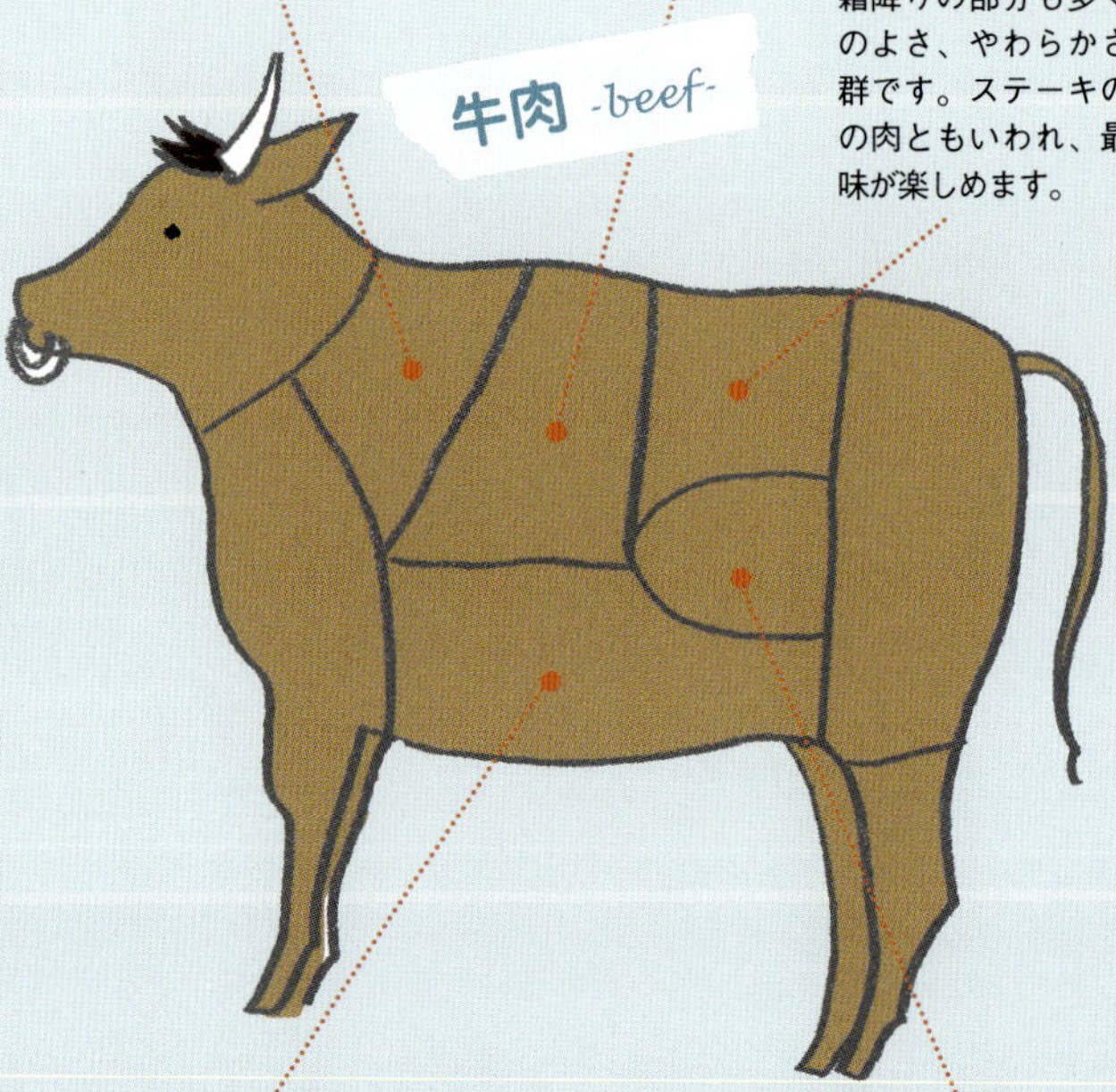

バラ
-plate-

脂肪と赤身が層のように重なっている部位。肉質はかためですが、じっくり煮込むシチューなどに使うと、肉がやわらかくなり、脂肪も溶けてうま味が増します。

ヒレ
-fillet-

もっともやわらかい部位。脂肪が少ないため、あっさりとした味わいです。ステーキ、ビーフカツなどに。

豚肉 -pork-

肩
-chuck-

肩肉はよく動かすため、筋が多く、かたい赤身肉です。薄切りや角切りにして、煮ものに用いられます。

肩ロース
-rib-

赤身に脂肪が混ざり、うま味があります。かたまり肉で焼き豚やローストポーク、薄切りでしょうが焼きなどに使います。

ロース
-pork loin-

やわらかくて味もよく、背中の部分にある白い脂肪の層がうま味をプラスします。とんかつやポークソテーに最適です。

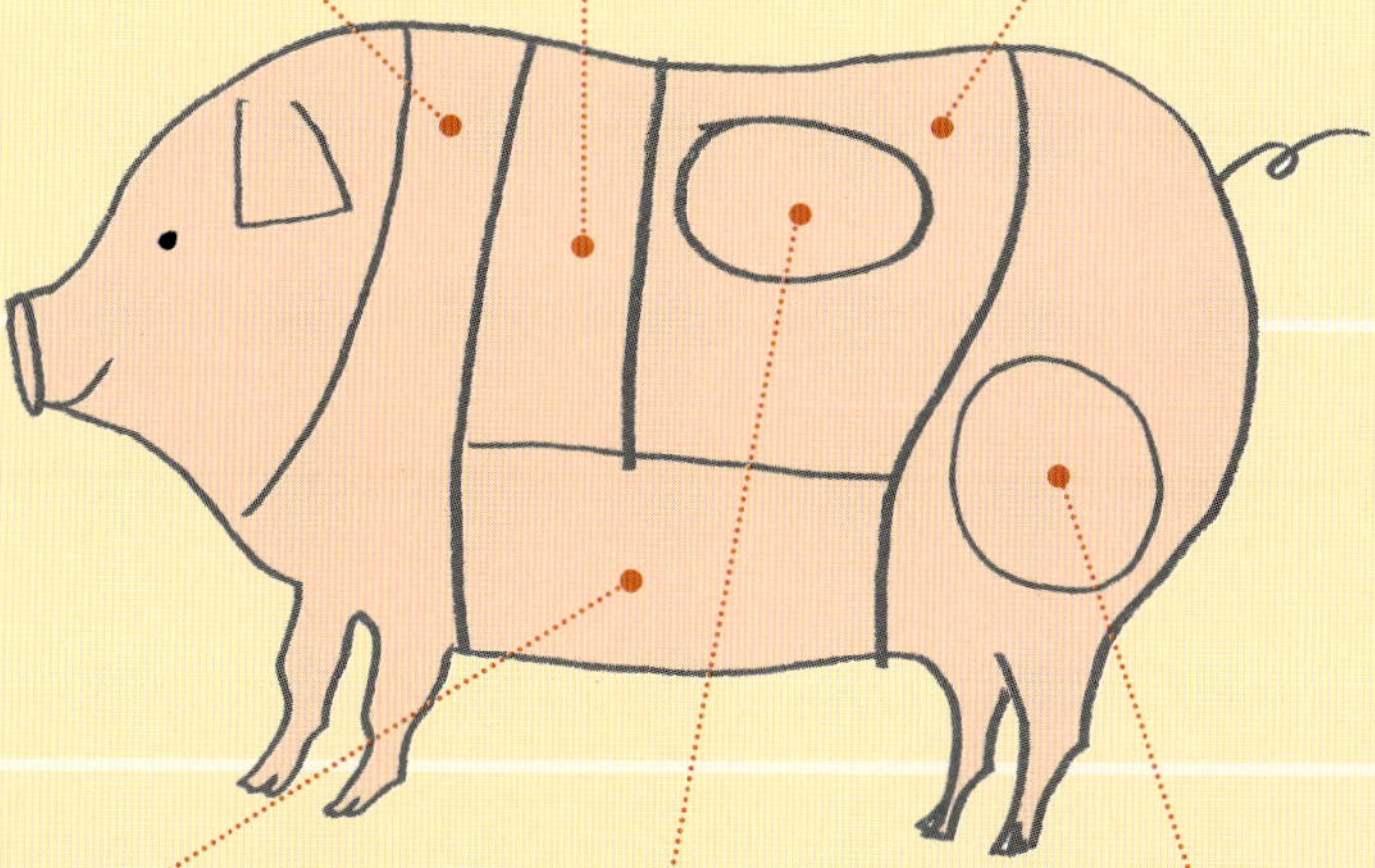

バラ
-plate-

赤身と脂肪が層になっている部位です。脂肪の濃厚なコクが特徴。シチューや角煮などに。骨つきバラ肉はスペアリブと呼ばれ、オーブン焼きに向いています。

ヒレ
-pork fillet-

豚肉のなかでもっともきめが細かく、やわらかな肉質です。とんかつにしたり、薄切りにして網で焼いて食べてもおいしいでしょう。

もも
-ham-

脂肪が少なく、やわらかい肉質。あっさりとした味わいです。ソースでコクを補えるローストポークやステーキにするとよいでしょう。

1 準備

鶏肉とひき肉を買う

ヘルシーな鶏肉と安価なひき肉を使いこなせるようになりましょう。

鶏肉 -chicken-

ささみ
-white meat-

牛肉や豚肉のヒレにあたる部分です。脂肪が少なく、さっぱりした味わいが特徴。フライにしたり、新鮮なものは刺身にしたりします。

手羽
-wing-

手羽先は、ゼラチン質と脂肪を多く含み、濃厚なだしが出るため、スープや煮もの向き。手羽元はウイングスティックとも呼ばれる骨つき肉。つけ焼きや、から揚げなどに適しています。

むね
-breast-

脂肪が少なく、さっぱりした味です。カツレツやソテーなどに向いています。火を通しすぎるとパサつくので要注意。

もも
-thigh-

よく動かす部分のため、肉質はややかたく、筋も多いのですが、うま味のある部位です。揚げもの、煮もの、炒めものなどに幅広く用います。

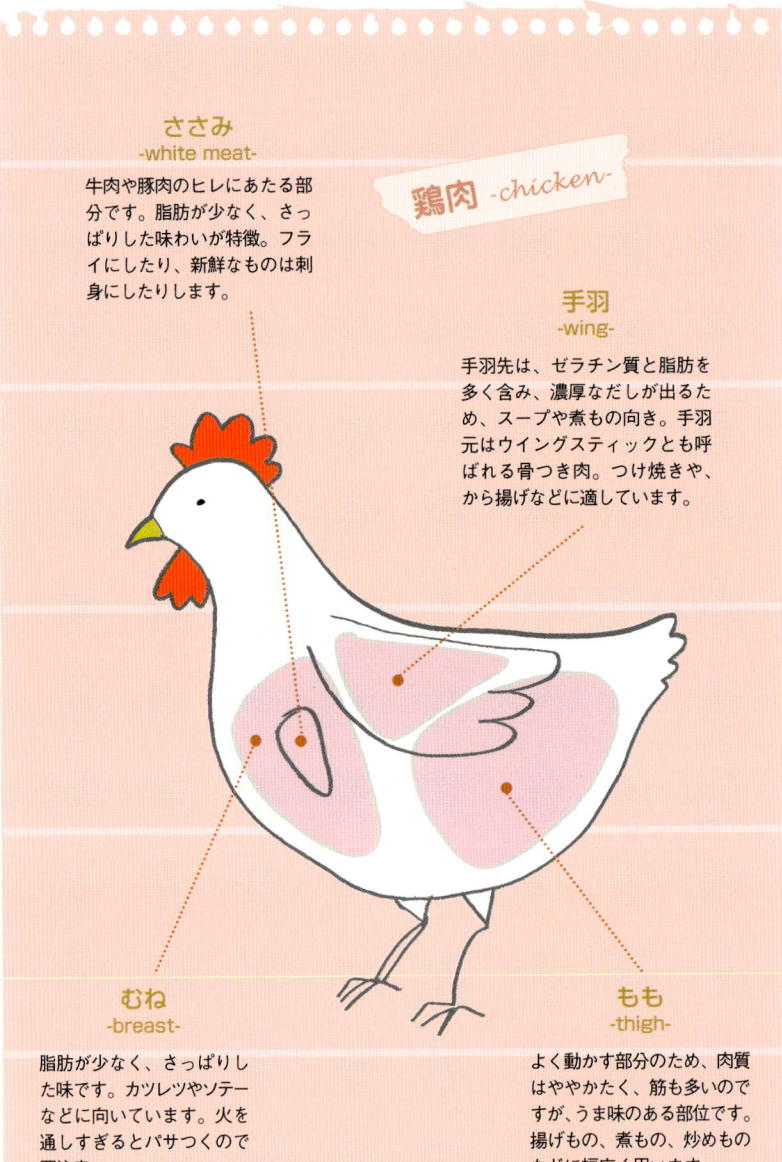

ひき肉 -ground meat-

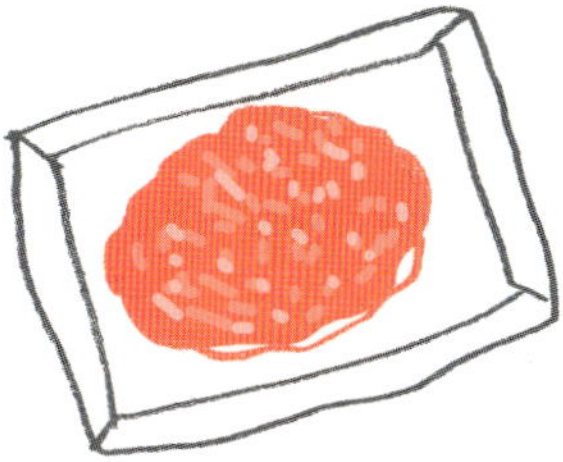

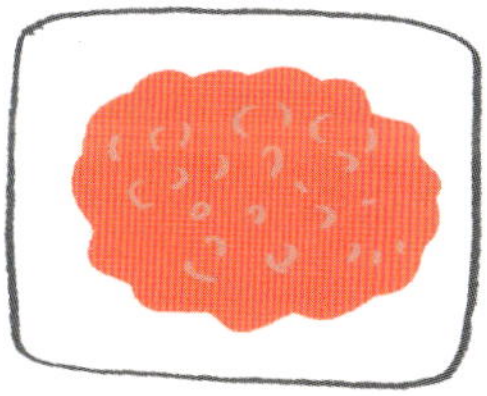

豚ひき肉

肩バラ肉やすね肉をひいた、脂肪の多いものが一般的です。シューマイや餃子などに。

牛ひき肉

外もも肉、すね肉をひいたもの。うま味を加えるために脂身を多くしたり、さっぱりした味わいにするために赤身肉を多くしたりすることもあります。ハンバーグやミートソースに。

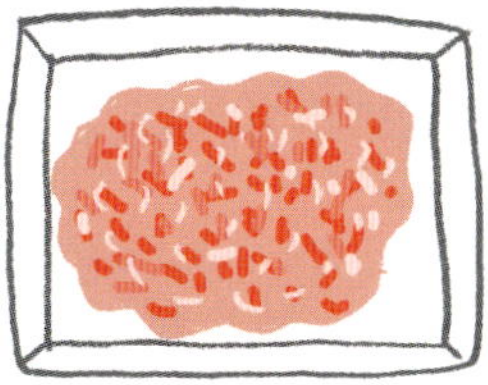

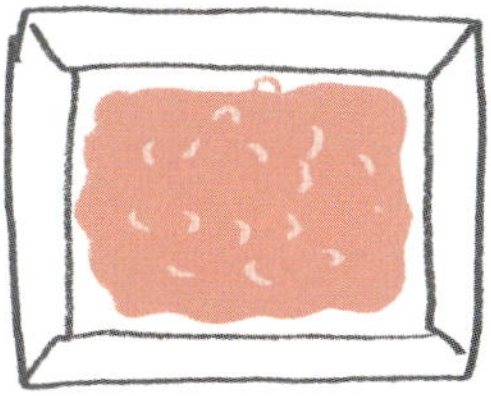

合びき肉

牛肉と豚肉を混ぜています。牛ひき肉より安く、カレーや炒めものに使います。牛：豚＝6：4程度の割合がもっともおいしいといわれています。

鶏ひき肉

若鶏、ひな鶏の各部位をひいたもの。皮の入ったものと、除いたものがあります。つくね、そぼろご飯などに。ややクセがあるため、濃い味つけにしたほうがおいしく仕上がります。

使い方いろいろ

ひき肉は買ったらすぐ使うのが鉄則！

空気に触れる面積が広いひき肉は、すぐに傷んでしまうのが難点。買うときには、肉が黒ずんでいないかチェックし、できれば買った日に使い切りたいところです。余ったら、すぐに冷凍保存しましょう。

1 準備

肉の保存

冷凍庫に入れる＝保存ではありません。
おいしさを逃さない保存術とは？

冷凍保存の基本

1
空気は酸化・乾燥のもと！ トレーからは必ず出し、ラップに包むときも空気が入らないようピッチリと。

2
再冷凍・再解凍するたびに肉は傷みます。1回で使い切れる量に分けて冷凍しましょう。

3
冷凍にかかる時間が短いほどおいしさをキープできます。肉は広げて、重ねずに包みましょう。

3週間をめやすに食べ切りましょう

厚切り肉

一切れずつラップで包んだら、フリージングパックに入れるか、アルミホイルで包んでから冷凍庫へ。脂身を取り除き、肉をたたいてから冷凍しておくと、調理がラクになります。

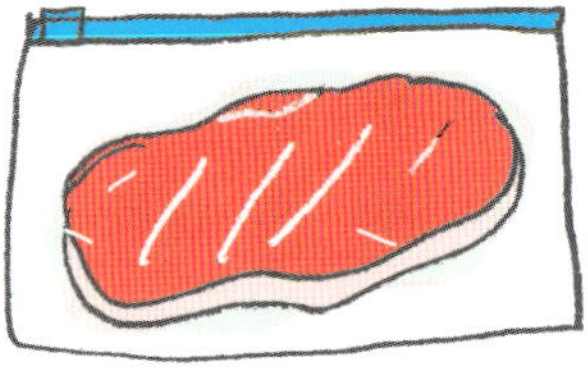

薄切り肉

少量ずつ小分けにして、ラップで包みます。さらに、乾燥しないようにフリージングパックに入れるか、アルミホイルで包んでから冷凍庫へ。

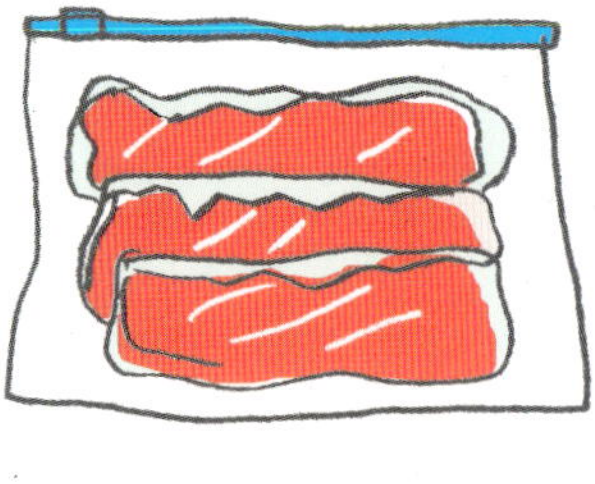

ひき肉は下ごしらえをして保存

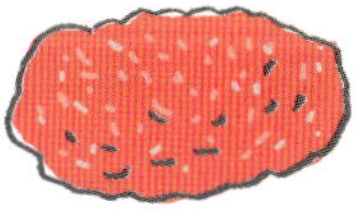

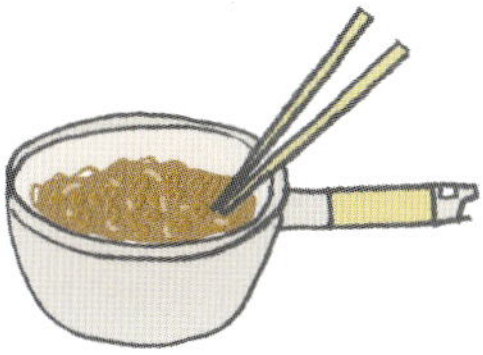

ハンバーグのタネ

ひき肉(牛or牛豚の合びき)に、炒めた玉ねぎ、溶き卵、パン粉を入れ、塩、こしょうをしてよく混ぜます。ハンバーグのかたちに整えてから冷凍保存します。

肉そぼろ

鶏のひき肉に、しょうがの絞り汁、酒、砂糖、しょう油、水を加えて汁けがなくなるまで炒ります。

● ひき肉

フリージングパックやラップにひき肉を薄く広げて包んだら、菜箸を使って、1回分ずつのブロックに区切りを入れます。使いたい分だけ割ることができて便利です。

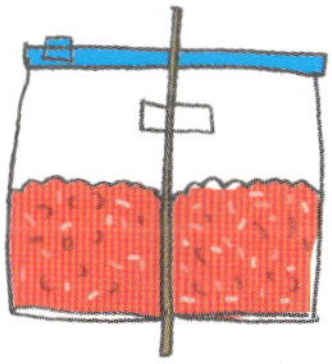

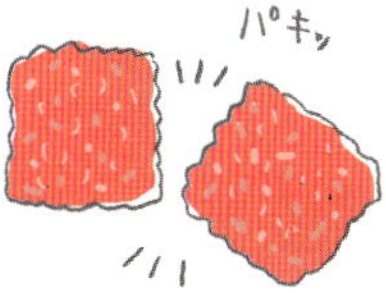

解凍する

長時間

短時間

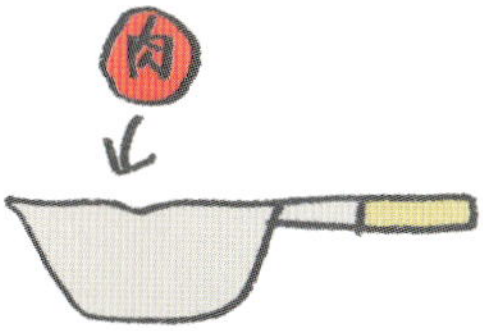

● 冷蔵庫に入れる

時間はかかりますが、もっともうま味を逃さない解凍法です。調理する半日〜1日前に冷蔵庫へ入れましょう。

● 電子レンジを使う

完全に加熱すると、調理しても味が入らないだけでなく、おいしい肉汁がすべて出てしまいます。生解凍機能を使うか150〜200W程度の弱設定で半解凍状態にしましょう。解凍後は肉汁をきちんとふき取ります。

● 凍ったまま使う

ひき肉や薄切り肉であれば、凍ったまま調理してもOKです。炒めものに使うときは、ほかの具材で肉を蒸すようにはさみこむと、肉がちぎれたりすることなく、きれいに解凍できます。

魚を買う

魚はなんといっても鮮度が命！
チェックポイントを覚えましょう。

一尾魚の選び方

目が澄んでいる

目が白くにごっているのは鮮度の悪い証拠。黒々と澄んだ目の魚を選びます。

表面に傷がない

魚の表面に傷はないか、つやつやした光沢があるかをチェックします。

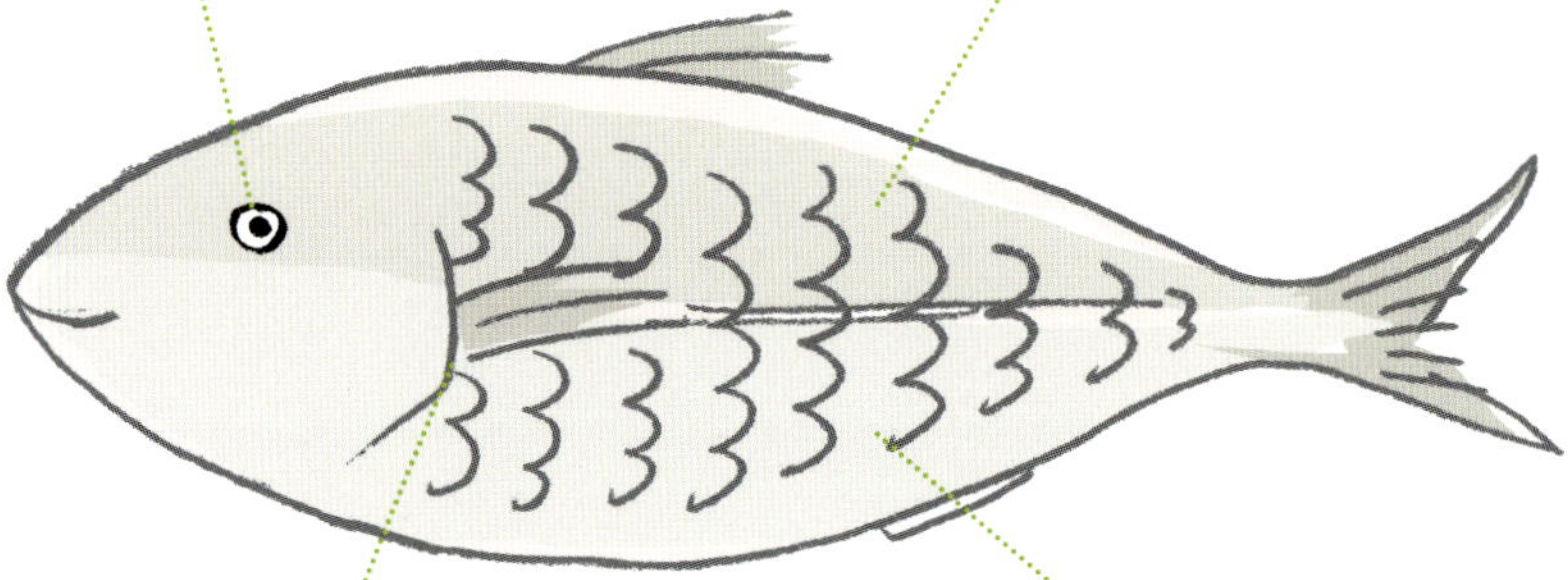

エラの色

魚に触ってもよい店なら、エラぶたを開けてエラの色が鮮やかな赤色をしているか、血液がにじんでいないか確認します。

身が引き締まってプリプリしている

魚全体に張りがあり、身が引き締まっているものが新鮮です。

切り身魚の選び方

身が変色していない

表面に透明感があり、色鮮やかなものを選びます。切り口が虹色にキラキラしているものは、切ってから時間がたっている可能性があるので避けましょう。

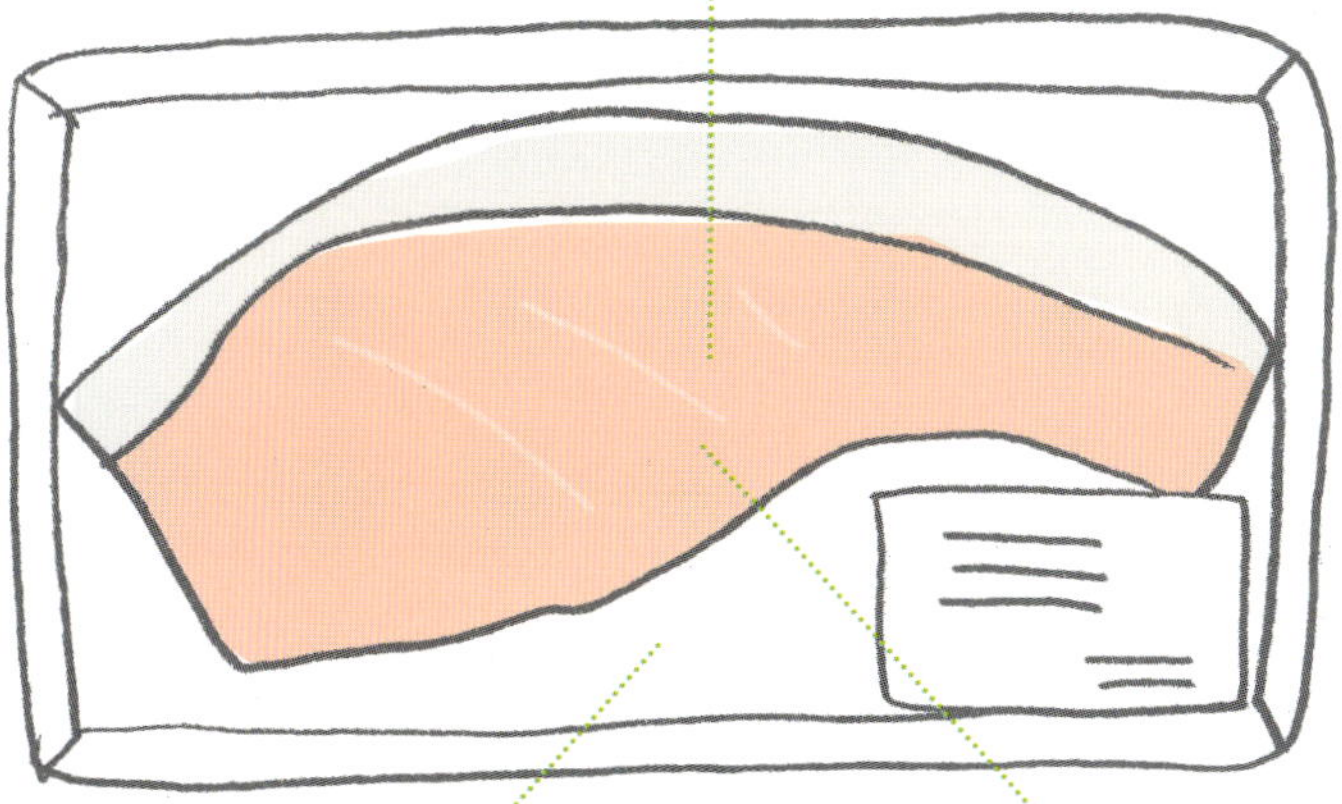

パックに水や血が出ていない

パックを傾けて、血や水が流れてこないかをチェックします。

身が引き締まってプリプリしている

身が引き締まり、弾力性があるものを選びましょう。皮が乾いているものは鮮度が落ちているのでNGです。

貝の選び方

殻つきは、表面に光沢があり、触ると口をキュッと閉める元気なものを。むき身は、つやがありプリッと太ったものを選びましょう。

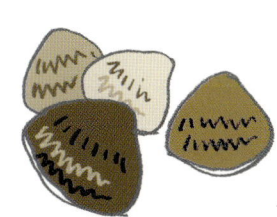

1 準備

魚介の下ごしらえ

料理初心者の最初の難関？
いえいえ、意外と簡単なんです。

あじでベーシックな魚のおろし方をマスター

1. ウロコを取り除く

包丁の刃先や、ウロコ引き(ウロコを取る道具)を使って取り除きます。ウロコは頭から尾に向かってついているため、これに逆らうように、尾から頭の方向にかき取りましょう。

2. ぜいごを取る

あじ特有のかたいウロコ、ぜいごを取ります。包丁を寝かせて、尾から頭のほうへ、ギザギザを描くように動かすのがコツです。

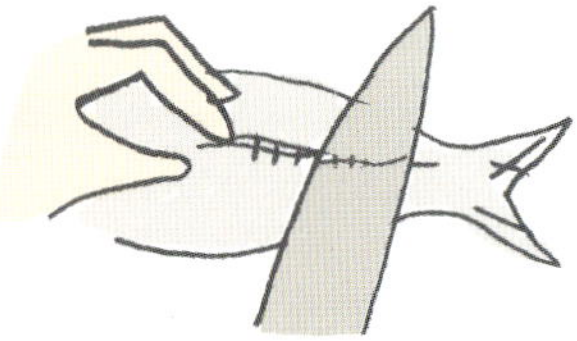

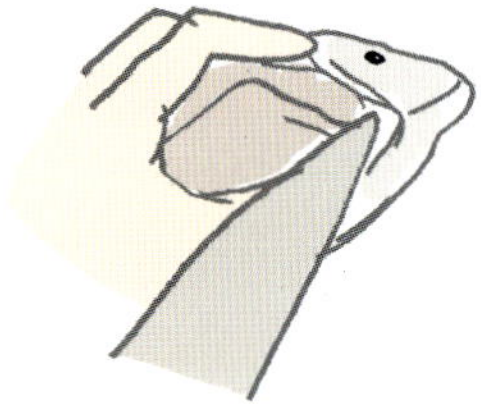

3. エラを取る

エラぶたを開けて、なかのエラを取ります。包丁を使わず、手で簡単に取ることもできます。

4. わたを出す

腹に切り込みを入れ、包丁の刃先で、わたをかき出します。一般的には魚の頭を左にして盛りつけるため、頭を右側に向けたとき表になるほうの腹に切り込みを入れます。

5. 水洗いする

腹の内側まで水洗いをしたら、ペーパータオルで水けをよくふき取ります。

ほかにもいろいろ

いか

1. わたを出す

胴のなかに手を入れて、わたのつけ根を指で外したら、足を引っ張り、足とわたを引き抜きます。

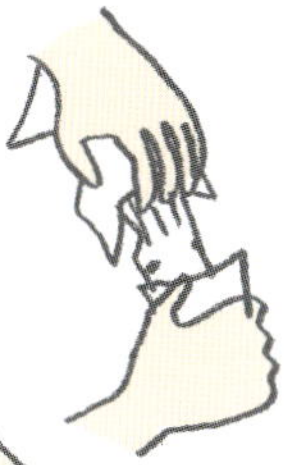

2. 軟骨を取る

胴の内側についている透明な軟骨を手で引き抜きます。

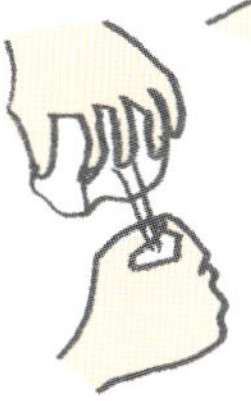

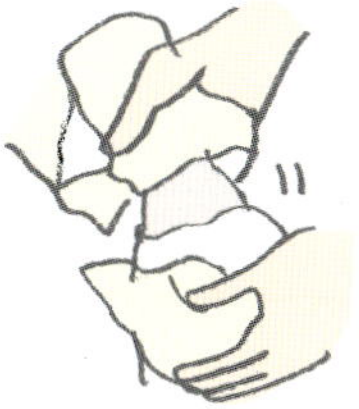

3. えんぺらを取る

えんぺら(三角の耳の部分)を胴のすそに向かって引っぱり、皮ごとえんぺらを引き離します。その後、胴の皮をむきます。ペーパータオルなどではさむようにすると手がすべらずきれいにむけます

4. 胴の中を洗う

わたの残りなどをきれいに洗い、ペーパータオルで水けをふき取ります。

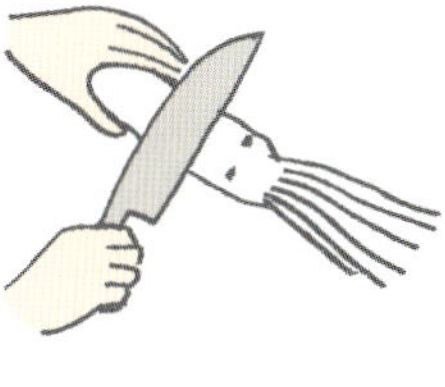

5. 足の処理をする

まず目の少し上を切って、わたを取り除きます。足に残る目と口ばし(黒くてかたい部分)を指で取ったら、吸盤を包丁でしごいて取りましょう。

貝

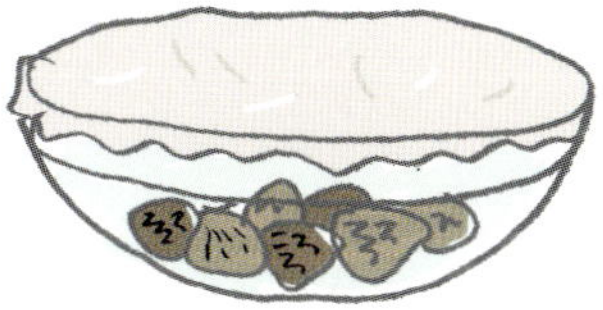

川でとれるシジミは真水に、海でとれるアサリは塩水(水2カップに対して塩大さじ1がめやす)に半日程度つけておきます。入れものにふたをして暗くすることで、貝は呼吸しやすくなり、砂を吐き出します。調理前には貝をこすり合わせるようにして汚れを取りましょう。

さんま

通常、魚のわたは取り除きますが、さんまのわたは、ほろ苦くておいしい部分。わたをつぶさないように半分に切り、塩をふって焼くだけです。わたにもしっかり火を通しましょう。

1
準備

三枚おろしに挑戦

魚の扱いに慣れてきたら
ちょっとステップアップしましょう。

自分でさばけるとこんないい事が

切り身魚よりも少し安く買える

加工料金がかからない分、一般的に切り身魚より一尾魚のほうが安価です。「一尾では食べ切れない」と思ったら、おろしてから冷凍保存すればOK。上手に利用しましょう。

手についた魚のにおいはステンレスソープで撃退

魚をおろしたあと、手に残る生臭さが気になるなら、ステンレスソープを使ってみましょう。ステンレスの消臭メカニズムで、気になるにおいを分解。にんにく、玉ねぎを切ったあとにも役立ちます。

料理ができる人っぽい自分にうっとりできる

「魚をきれいに三枚におろせる私」って、なんだかちょっとカッコいい！　ホームパーティなどで、手際よく魚をさばくあなたに、みんなが尊敬のまなざしを向けるはず。

三枚おろし

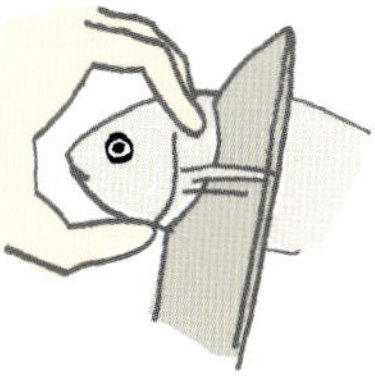

1. 頭を切り落とす
ウロコを取ったら、エラの横にある胸びれを起こして、ひれのすぐ後ろから頭を切り落とします。

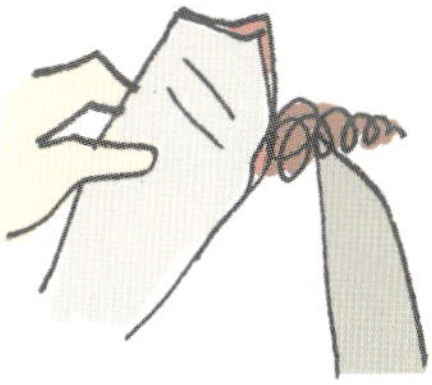

2. わたを取る
腹に切れ目を入れ、わたを取り除きます。

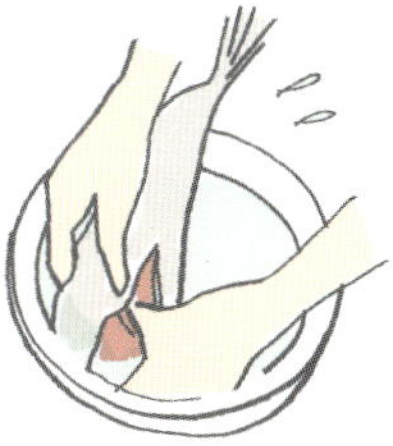

3. 水で洗う
腹のなかをきれいに洗いましょう。

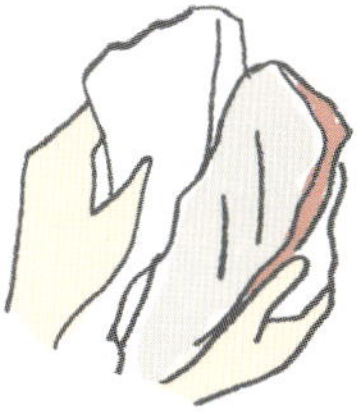

4. 水けを取る
ペーパータオルで水けをふき取ります。

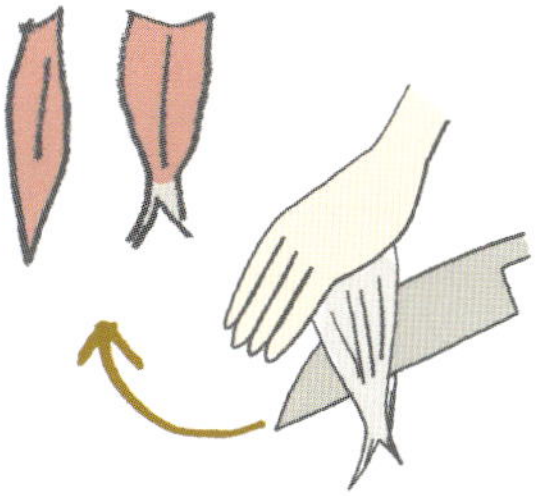

5. 二枚におろす
頭の切り口から中骨の上に包丁を入れ、骨をなぞるように上身をそぎ取ります。

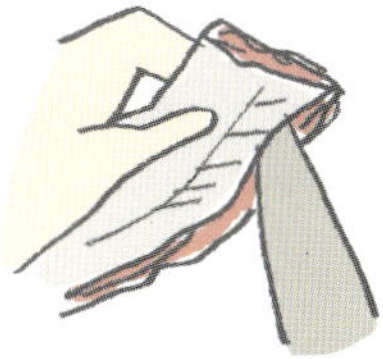

6. 三枚におろす
魚を裏返し、先ほどと同じように、中骨の上に包丁を入れ、残りの片身をそぎ取ります。

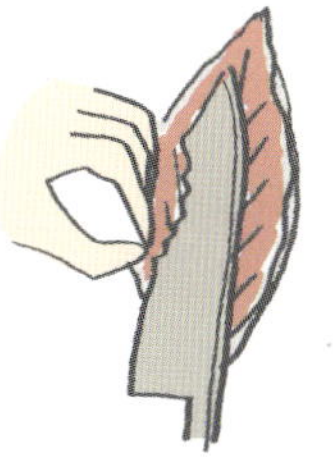

7. 腹骨を取る
腹骨と血合い（腹骨のまわりにある黒赤色の身）を、包丁を寝かせるようにして、薄くそぎ取ります。

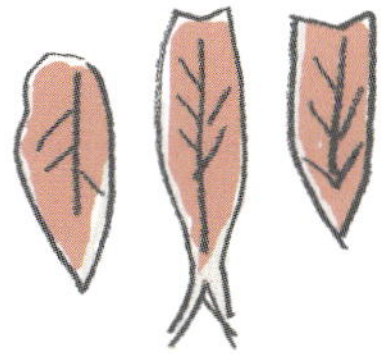

8. できあがり
身が2枚と骨の部分が1枚で3枚になるので、三枚おろしといいます。

1 準備

魚介の保存

“鮮度が命”の魚も冷凍できる！
おいしさを逃さない保存術とは？

切り身魚

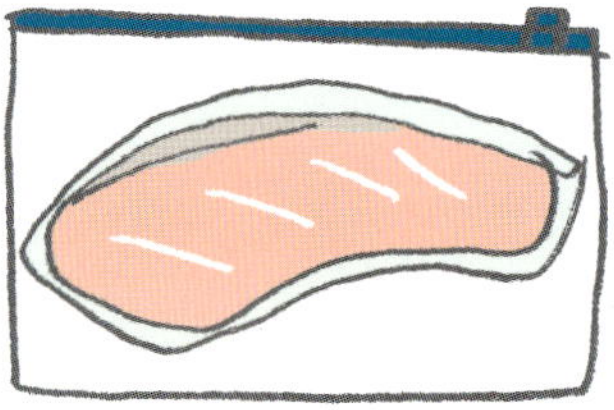

ラップで密封して冷凍

ペーパータオルで水けをふき取ったら、一切れずつラップにピッチリ包みフリージングパックに入れて冷凍保存しましょう。

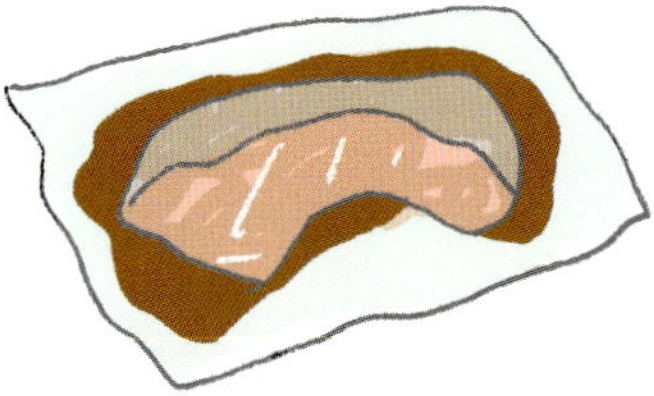

みそ漬けにする

白身の魚は、みそとみりんを合わせたタレをつけ、ラップでピッチリ包んでからフリージングパックに入れて冷凍すると、みそのうま味が魚にしみ込んだ贅沢な一品に！

一尾魚

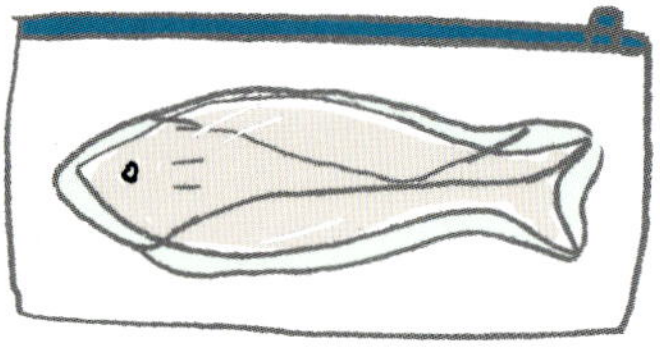

わたを取り除いて冷凍

わたを取り除いたら、流水で洗い、ペーパータオルで水けをふき取ります。ラップにピッチリ包み、フリージングパックに入れて冷凍保存します。

刺身

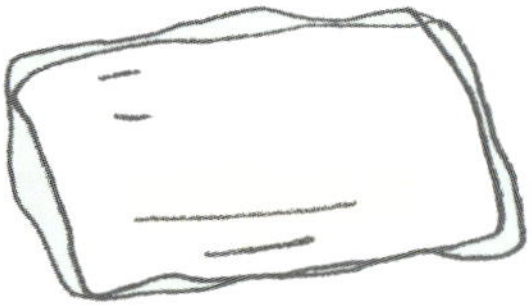

水けをふき取り冷蔵

水けをふき取ったら、ペーパータオルで包み、さらにラップをしてから冷蔵保存します。翌日中には食べ切ってしまいましょう。

いか

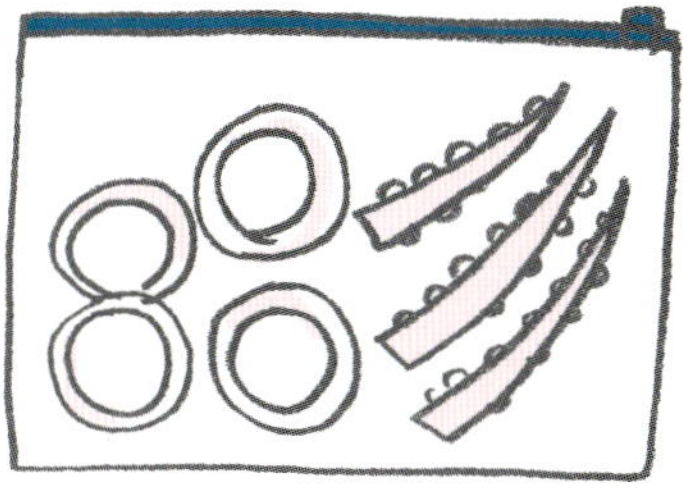

食べやすい大きさに切って冷凍

下処理をしたら（P.25参照）水けをふき取り、食べやすい大きさに切ってからフリージングパックに入れて冷凍庫へ。あらかじめカットしておくことで、解凍時間も短くなり、炒めものやパスタに気軽に使うことができます。

貝

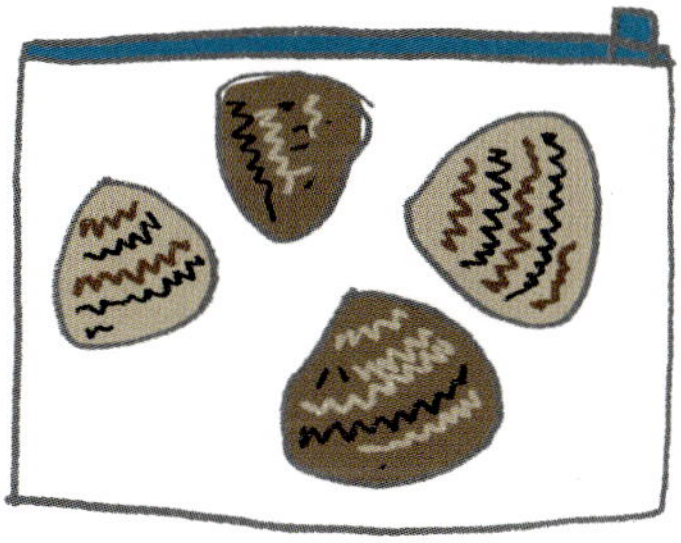

砂出しをしてから冷凍

殻つきの貝は砂出しをして（P.25参照）、むき身の場合は洗ってから、水けをふき取り、そのままフリージングパックに入れて冷凍庫で保存します。貝が重ならないよう、平らに入れるのがポイントです。

上手に保存するコツ

再冷凍はNG

市販の魚の多くは販売前に一度冷凍されています。これを家庭で再冷凍すると、味と栄養分は一気に落ちてしまいます。冷凍は「生」表示のあるものだけにしましょう。

とにかくピッチリ！

生ものは空気に触れることにより、どんどん風味と味が落ちていきます。ラップで包むときは空気が入らないように注意しましょう。

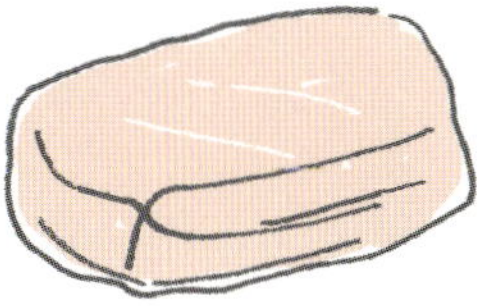

野菜を買う（果菜類）

野菜の種類・選び方・保存法
これさえ知っておけばもう安心！

tomato トマト

保存しよう

ビニール袋に入れて口を閉じ、冷蔵庫の野菜室で保存します。

【ヘタ】
緑が鮮やかで、ピンと張っている。

【皮】
張りとつやがある。

旬は夏。風味のやわらかな桃太郎、冬に出回る先端のとがったファーストトマトなどが一般的です。

cucumber きゅうり

【頭とおしり】
ふかふかしているものはNG。

【皮】
つやがあり、表面のいぼがかたい。

旬は夏。皮がやわらかくシャキシャキした食感の白いぼきゅうりが主流。そのほか、ミニサイズのもろきゅうりなどがあります。

保存しよう

水けをふき取り、ビニール袋に入れて口を開けたまま、冷蔵庫の野菜室で保存します。

eggplant なす

保存しよう

ビニール袋に入れて口を閉じ、冷蔵庫の野菜室で保存します。

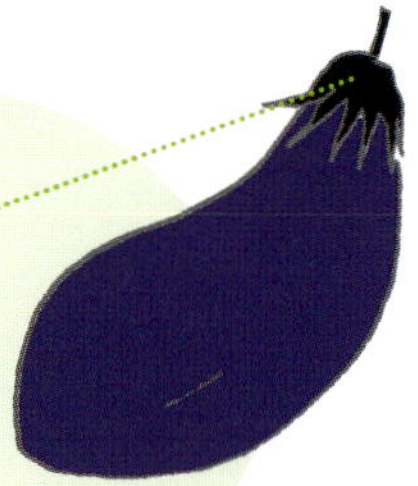

【ヘタ】
切り口がみずみずしく、とげがかたい。

旬は夏〜初秋。もっとも出回っている卵形なすをはじめ、大きな米なす、丸い加茂なすなどがありますが、味に大きなちがいはありません。

pumpkin かぼちゃ

旬は初夏。ホクホクして甘味が強い西洋かぼちゃが主流です。

【皮】
かたく、緑が濃い。

【果肉】
カット売りされている場合は果肉の色が濃いものを。

保存しよう

カットしたあとは、スプーンで種とわたを取ってラップで包み、冷蔵庫の野菜室に。丸ごとのときは冷暗所で保存します。

green pepper ピーマン

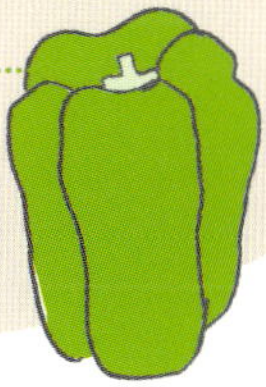

【ヘタ】
切り口が新しい。

春から秋までが旬。新鮮な青臭さがある緑のピーマンを中心に、甘味のある赤・黄色のピーマンも人気があります。

保存しよう

通気性のよい穴のあいたビニール袋に入れて、冷蔵庫の野菜室で保存。

broccoli ブロッコリー

旬は冬から春にかけて。カロチン、ビタミンCが豊富に含まれる栄養価の高い野菜です。

【つぼみ】
つぼみがかたく、色鮮やか。古いものは黄色に変色する。

保存しよう

ビニール袋に入れて口を閉じ、冷蔵庫の野菜室で保存します。

okra おくら

夏が旬。特有のネバネバには整腸作用があります。アルコールを飲む前、便秘のときのうれしい味方です。

【表面】
細かい産毛がびっしりと生えている。

保存しよう

ビニール袋に入れて口を閉じ、冷蔵庫の野菜室で保存します。

1 準備

野菜を買う（葉菜類）

太陽の光を浴びて育った葉菜類はシャキシャキした食感が魅力です。

cabbage キャベツ

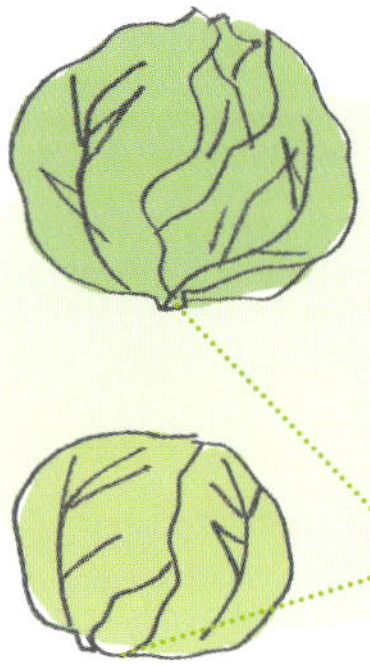

春キャベツは巻き方がゆるく、葉がやわらかいのが特徴。生食に向いています。ややかための葉がしっかりと巻かれた冬キャベツは、炒めものなどに適しています。

【切り口】
真っ白でみずみずしい。

保存しよう

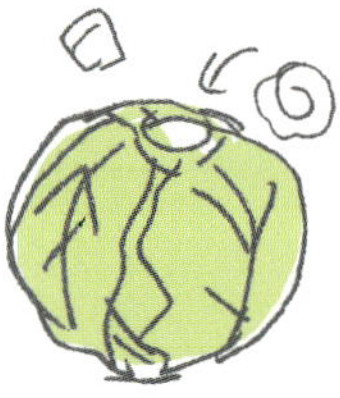

芯をくりぬき、水を含ませたペーパータオルを詰めて、冷蔵庫の野菜室へ。

lettuce レタス

一年を通しておいしく食べられるレタスには快眠を助ける働きがあるといわれています。ポピュラーな玉レタスをはじめ、サラダ菜、サニーレタスなど多くの種類があります。

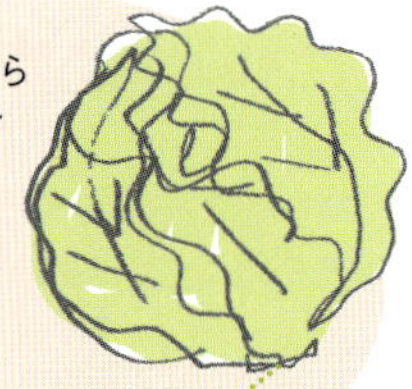

【かたち】
あまり高さがなく平べったい。

【切り口】
真っ白でみずみずしい。

保存しよう

芯をくりぬき、水を含ませたペーパータオルを詰めて、冷蔵庫の野菜室へ。

napa 白菜

【葉】
外側の葉が全体を包むように、しっかり巻かれている。

一年中出回っていますが、もっともおいしいのは甘さが増す冬。栄養と甘味の多い芯の部分も積極的に食べましょう。

保存しよう

ザク切りにして、塩・昆布・ゆずの皮・唐辛子などといっしょにビニール袋に入れてよくもみ、そのまま冷蔵庫で保存すると、おいしい漬けものになります。

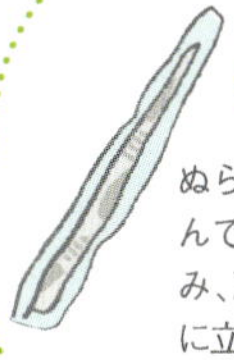

保存しよう

ぬらした新聞紙に包んでからラップで包み、冷蔵庫の野菜室に立てて保存します。

komatsuna

小松菜

【葉】
鮮やかな緑で艶がある。

青菜

ほうれん草、チンゲン菜、小松菜などをまとめて青菜といいます。旬の冬には、味がよいだけでなく栄養価も高くなります。

spinach

ほうれん草

【葉】
色が濃く、張りがある。

保存しよう

新聞紙で包み、冷蔵庫の野菜室に立てて保存します。

leek

にら

旬は春から夏。独特のにおいは火を通すとやわらぎ、甘味が増します。風邪の予防や疲労回復を助ける効果も。

【葉】
色が濃く、ピンと立っている。

天に向かって成長する野菜はまっすぐ立てて保存しよう

ほうれん草やチンゲン菜などの葉菜類、アスパラガスなどの茎菜類は空に向かって成長します。そのため、横に寝かせると、地面から離れようとエネルギーを使い、変色したり、栄養価が減少することに。根を下にして、立てて保存しましょう。牛乳パックなどを利用すると安定します。

1 準備

野菜を買う（根菜類）

土のなかですくすく育つ根菜類。
素朴でやさしい味わいが楽しめます。

carrot にんじん

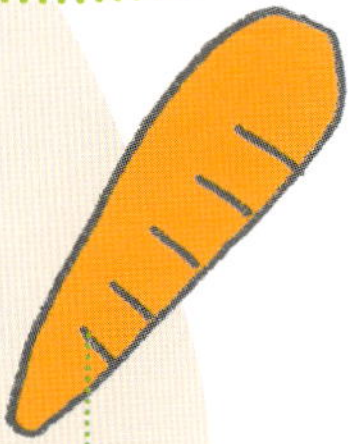

旬は秋から冬。油を使って調理すると、豊富なビタミンAがより効果的に体内に吸収されます。

【皮】
表面がなめらかで、色むらがない。

保存しよう

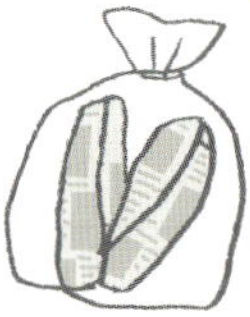

新聞紙に包んでポリ袋に入れてから、冷蔵庫の野菜室に保存。

white radish だいこん

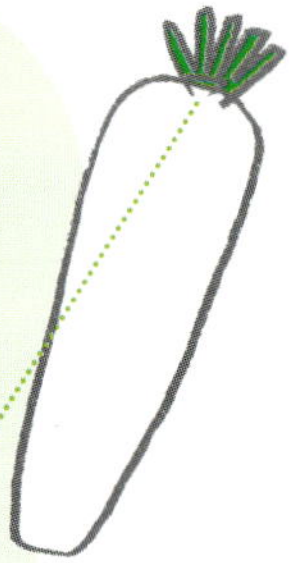

旬は冬。一般的なのは甘味が強く、やわらかい青首だいこんです。また、かぶによく似た聖護院だいこんも有名です。

【首】
黒ずみやひび割れがないこと。

保存しよう

葉を切り落としてからラップをして、冷蔵庫の野菜室に。

onion 玉ねぎ

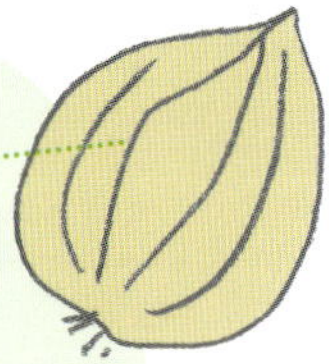

【皮】
茶色い薄皮の玉ねぎは、皮がしっかり乾燥しているものを。

一年を通しておいしく食べられます。茶色の薄皮に包まれているものが主流ですが、春には、皮が白く甘味が強い新玉ねぎが出回ります。

保存しよう

ネットやカゴなどに入れて風通しのよい場所に常温保存。

玉ねぎに泣かされない方法

冷やす

切る1時間くらい前から、冷蔵庫に入れておく。

電子レンジでチン

20秒ほど電子レンジで加熱してから切る。

burdock
ごぼう

旬は冬ですが、春先から出荷される、やわらかい新ごぼうも好まれます。泥がついているものと、手軽な洗いごぼうがあります。

保存しよう

泥つきの場合、新聞紙に包んで日の当たらない場所に。洗いごぼうはビニール袋などに入れ、冷蔵庫の野菜室へ。

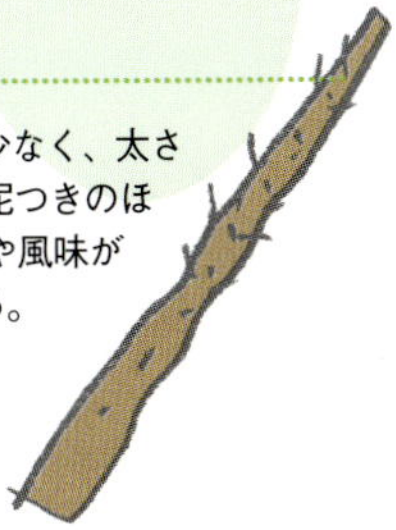

【表面】
ひげ根が少なく、太さが均一。泥つきのほうが鮮度や風味が長持ちする。

potato
じゃがいも

一年中出回っていますが、5〜6月に新じゃがの季節を迎えます。やわらかい男爵と、煮くずれしにくいメークインが有名です。

【表面】
傷やしわがない。
芽が出ていない。

保存しよう

カゴなどに入れて風通しのよい場所に常温保存。りんごといっしょに保存すると、芽が出にくいといわれています。

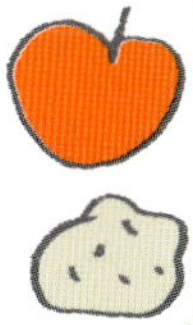

sweet potato
さつまいも

9〜11月が旬。便秘を解消する食物繊維や、お肌によいビタミンCが豊富な野菜として知られています。小ぶりなもののほうが食物繊維が多いといわれます。

保存しよう

新聞紙に包み、日の当たらない場所に常温保存します。

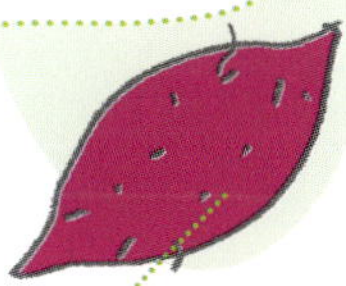

【皮】
色が均一。しわやでこぼこがない。

かよわいもやしの保存法

密閉容器に入れる

水を入れた密閉容器に入れて冷蔵庫へ。水はマメに取りかえましょう。

いちばんはすぐに食べ切ること!

シャキシャキした食感を楽しめるのは、やっぱり買ってすぐ! 買い置きはせず、調理する当日に買いましょう。

1 準備

野菜を買う（その他いろいろ）

主役野菜ではないけれど
いろんな料理に登場する名脇役です。

field pea さやえんどう

旬は4～6月。やわらかい絹さやえんどうが一般的。歯ざわりがよく、苦味と甘味がほどよく感じられます。

【豆】
未成熟で小さく、薄い。

保存しよう

ビニール袋に入れて口を閉じ、冷蔵庫の野菜室で保存します。

asparagus アスパラガス

旬は5～6月。グリーンとホワイトの2種類がありますが、栄養価はグリーンのほうが上。ビタミンA、Cが豊富に含まれています。

【穂先】
ピンとしてかたく締まっている。

保存しよう

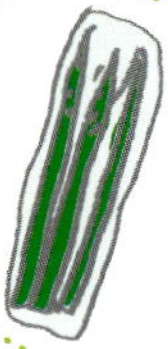

ラップで包み、穂先を上にして冷蔵庫の野菜室に保存します。

green onion ねぎ

関東では白根の長い根深ねぎ(長ねぎ)、関西では青い部分が多くてやわらかい青ねぎ(万能ねぎ)が好まれます。根深ねぎはとくに冬に甘くなり、青ねぎは春先が旬です。

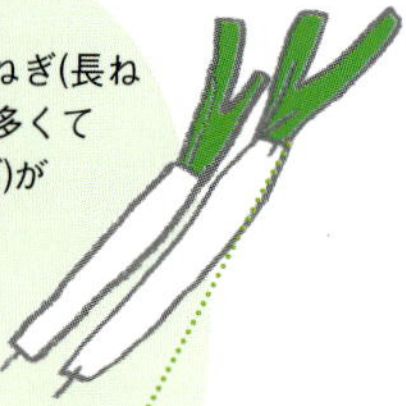

【表面】
緑と白のコントラストがはっきりしている。白い部分が締まっている。

【葉】
先端までピンとしている。

保存しよう

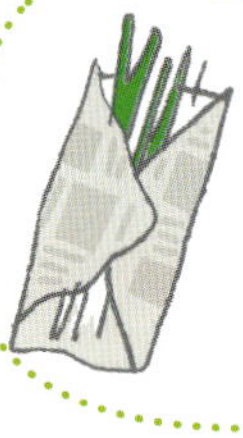

新聞紙に包んで、日の当たらないところに常温保存。使いかけの場合、ラップに包んで冷蔵庫の野菜室へ。

ゴホッ
ゴホッ
カゼにはネギやしょうががいいのよね。

shimeji
しめじ

本しめじだけでなく、かたちが似ているヒラタケも、しめじとして販売されています。本しめじは、秋の味覚を代表する食材のひとつです。

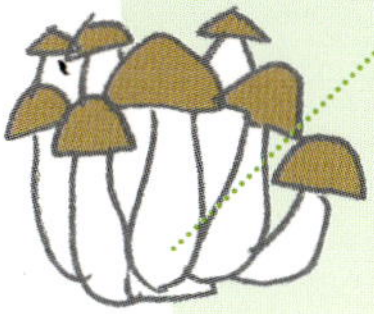

【軸】
短くて太く、張りがある。

保存しよう

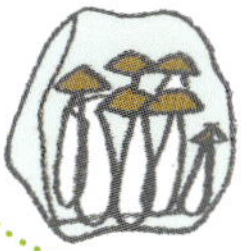

ラップに包んで冷蔵庫の野菜室に。

hackberry
えのきだけ

ほのかな甘さと、みずみずしい茎の食感が魅力。とくに鍋ものには欠かせません。

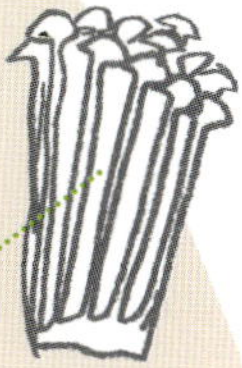

【茎】
みずみずしく、白い。

保存しよう

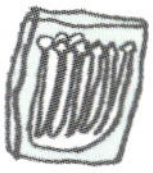

ラップに包んで冷蔵庫の野菜室に。

shiitake
しいたけ

旬は春と秋。低カロリーかつ食物繊維が豊富とあって、ダイエット中にうれしい食材です。生しいたけより乾燥しいたけのほうが栄養価は高くなります。

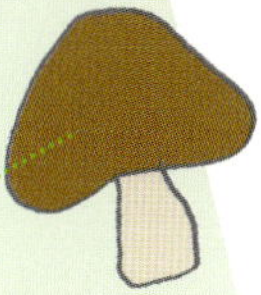

【かさ】
半開きになっている。

保存しよう

生しいたけはビニール袋に入れて口を閉じ、冷蔵庫の野菜室で保存。乾燥しいたけはビンなどに入れて湿気のないところに。

薬味を保存しよう

にんにく

通気性のよいところに

ラップなどには包まず、風通しのよいところに保存します。最近では通気性のよいガーリックポットも販売されています。

ガーリックオイル

オリーブオイルに、スライスしたにんにくを漬けます。ドレッシングやパスタソースなど幅広く使えます。

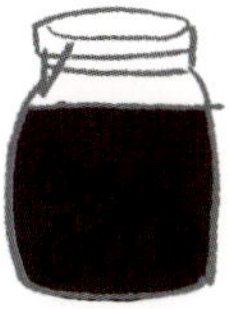

にんにくじょう油

皮をむいてしょう油に漬けて常温保存。にんにく自体にも味がしみ込み、ご飯のおかずにも。

しょうが

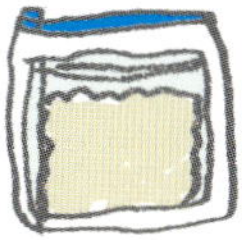

すりおろして冷凍

すりおろしたしょうがを、ラップに包んで冷凍しておくと便利。風味や辛みが大きく損なわれることもありません。

常温保存でOK

かたまりのままなら、常温保存しましょう。切り口が乾燥するため、使うときには切り、新鮮な部分を出します。

1 準備

くだものを買う

くだものを丸ごと全部ひとり占め。
コレもひとり暮らしの大きな幸せ！

一年中買えるもの

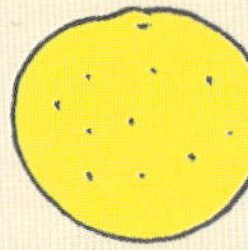

● オレンジ

皮が鮮やかなオレンジ色で、ずっしりとした重みのあるものを選びます。夏はビニール袋に入れて冷蔵庫の野菜室に。常温保存するときは、新聞紙に包むと長持ちします。

● グレープフルーツ

全体に張りがあり、ずっしりと重いものが良品です。ビニール袋に入れて冷蔵庫の野菜室に保存しましょう。

● バナナ

房全体が均一に黄色く、皮に傷がないものを選びましょう。保存は常温で。房の場合は実がつぶれないように盛り上がりを上にします。

● キウイ

全体に産毛がびっしり生えているものを。軽くにぎったときに、やわらかさを感じる程度が食べごろです。りんごと同じ袋に入れると熟成が早まります。

おいしい食べ方

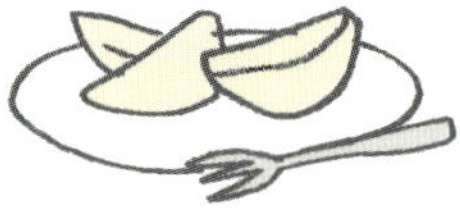

● ジュースにする

搾りたてのジュースでエネルギーチャージ。果汁の少ないバナナなどは牛乳と合わせるとよいでしょう。

● ヨーグルトに入れる

朝食やおやつ、デザートに。はちみつやジャムをプラスしてもおいしい！

● そのまま食べる

シンプルですが、くだものの味を存分に楽しむことができます。

● ジャムにする

いちご、りんご、ブルーベリーなどはジャムにぴったり。まず砂糖をまぶし、くだものから出た水分を利用してコトコト煮ます。トロ～リとしたら完成です。

旬があるもの

冬

● みかん

皮が身から浮いてブヨブヨしているものはNG。みかん同士をくっつけず、涼しいところに常温保存します。

● りんご

軸が太く、全体に張りがあるものを。ビニール袋に入れて冷蔵庫の野菜室で保存します。

春

● いちご

表面に傷がなく、ヘタが青々としたものを選びます。保存するときは、傷んだものを取り除き、ビニール袋に入れて冷蔵庫の野菜室へ。

● さくらんぼ

粒が大きく、全体に張りがあるかをチェックします。長時間冷蔵庫に入れると甘味がどんどん失われるため、できれば買ったその日に食べ切りましょう。

秋

● なし

全体に張りがあるものを選びます。基本的に日本のなしは、もいだ後は熟しません。冷蔵庫の野菜室で保存し、早めに食べましょう。

● かき

ヘタが果実にしっかりついているものが良品です。熟しすぎてしまった柿は、冷凍庫で凍らせると、シャーベットとして楽しめます。

● ぶどう

実に張りがあり、白い粉がついているものほど新鮮です。保存は新聞紙に包むか、ビニール袋に入れて冷蔵庫の野菜室に。

夏

● もも

皮全体に産毛があり、香りのよいものが良品です。冷やしすぎると甘味が落ちるため、食べる2～3時間前に冷蔵庫の野菜室に入れるとよいでしょう。

● すいか

カットされている場合、白い種が多いものは避けましょう。保存するときは果肉が空気に触れないようにラップをしてから冷蔵庫の野菜室へ。

1 準備

いろいろ買う

主食の米や麺をはじめ
牛乳や卵にもいろいろな種類があります。

米

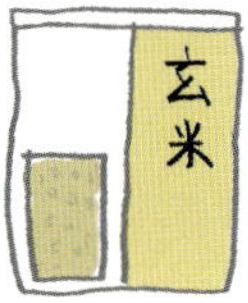

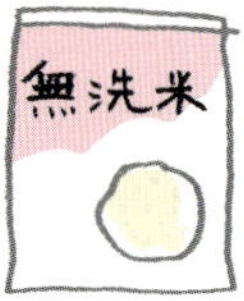

雑穀米

米に麦、あわ、ひえ、きびといった雑穀を混ぜたもの。不足しがちなビタミン、ミネラル、食物繊維がたっぷり！

玄米

外皮や胚芽がついているため、栄養価が高いのが魅力。ただし、水の吸収が悪く、白米より炊飯にやや手間がかかります。

白米

玄米から外皮、胚芽、ぬかを取り除いたもっともポピュラーな米。栄養価は玄米に劣りますが、消化のよい米です。

無洗米

文字通り、洗わずに炊ける米で時間を節約！　手荒れしやすい人にも向いています。

牛乳＋豆乳

牛乳

そのまま飲むだけでなく、料理やお菓子にコクをプラスするために使うことも。

低脂肪乳

牛乳は乳脂肪を3%以上含むのに対し、低脂肪乳は0.5〜3%。脂肪摂取を控えている人に。

豆乳

畑の肉といわれる大豆をすりつぶした豆乳は栄養満点。ややクセのある味ですが慣れれば美味！

卵

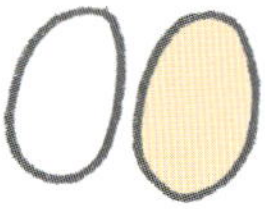

赤玉・白玉

殻の色によって、赤玉・白玉と区別します。栄養価のちがいはありません。

うずらの卵

鶏卵よりも持ちがよく、3か月程度なら冷蔵庫で保存できます。

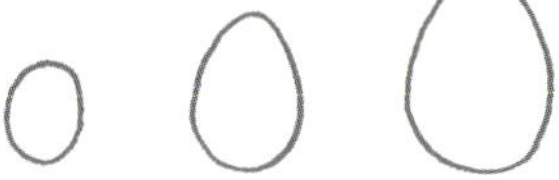

鶏卵のサイズ

M＞L＞Sの順に、卵全体に占める黄身の割合が多いといわれています。黄身のおいしさを楽しむ卵かけご飯ならM、ケーキのように白身のフワフワ感を大切にするならSというように使い分けると、仕上がりがグンとよくなります。

乾物

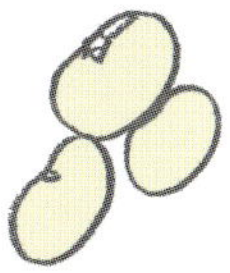

豆

大豆、金時豆、ひよこ豆など。おふくろの味である煮豆、ポークビーンズやカレー、サラダに。

ひじき

ひじきの煮ものがポピュラーですが、酢のものやサラダに入れることも。

麺

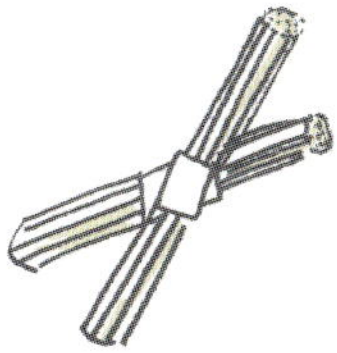

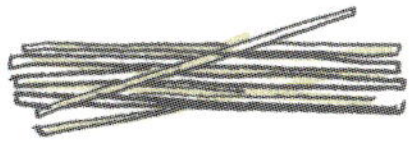

パスタ

スパゲッティ、マカロニ、ラザニアなど。最近ではモチモチした食感の生パスタも人気があります。

そうめん

日本の麺類のなかでもっとも細いそうめんは夏の定番メニュー。お吸いものの椀だねとしても使われます。

うどん

コシの強い讃岐うどん、口当たりのよい稲庭うどん、平べったいきしめんなど、産地によって特色があります。

買いすぎに注意

最初のころは、どんどん新しいレシピに挑戦したくて、ついいろんなものを買い込みがちです。でも気づけば、あっちにもこっちにも、賞味期限切れの食材が！ なんていうことにも。定期的に「今日は家にあるものでメニューを考えよう」という日を作って、ため込みを防止しましょう。

今日は
冷蔵庫のあまりもので
かんたんごはん

1 準備

商店に行ってみよう

「毎度っ、今日はなににします?」

親しみやすい商店をのぞいてみましょう。

肉屋さん

100g単位でムダのない買いものができるのがうれしいところ。ひき肉の脂身の割合をかえてもらうといったリクエストがOKなところも。ショーケースに並んだアツアツのコロッケやカツもおいしそう!

魚屋さん

「わたを取ってください」「あじを、お刺身で食べたいな」「この魚はどんなふうに料理したらいい?」…。助けてくれたり、教えてくれたり。魚屋の店員さんは心強い存在なのです。

八百屋さん

新鮮な野菜とくだもの、お店によっては自家製の漬けものや惣菜を扱っているところも。葉っぱつきのだいこん、泥つきごぼうなど、より自然に近い野菜にこだわる方にもおすすめ。

買いものはマイバッグを持って

最近マイバッグを持って買いものに出かける人が多くなりました。レジ袋の再利用でももちろんOKです。折りたたんで、いつもカバンに入れておき「レジ袋いりません」とエコ宣言しましょう！ お店によっては持参した人に特典があるところも。

豆腐屋さん

できたての豆腐や油揚げの味はやっぱりちがう。そのほか、おから、豆乳など体によいものがそろっています。

たまにはコンビニごはん

最初から張り切りすぎは禁物。
疲れたときはコンビニにSOS！

何を買う？

お総菜

今日のメニューが一品増えれば食卓も豪華に。お酒のおつまみにもぴったりです。

カップ麺

今日は徹底的にサボるぞ！と決めたらお湯を注いで3分のコレで決まり！

おにぎり

みんな大好きなお手軽おにぎりは、うっかりご飯炊き忘れ！というときにも役立ちます。

麺もの

パスタ、そば、うどん、中華麺。冷やして、温めて、とバリエーションも豊富です。

お弁当

旬の素材を使ったお弁当、健康食材にこだわったお弁当など、体にやさしいメニューも充実しています。

スープ

寒い季節や、体調が悪いときにうれしいあったかモノ。

パン

ガツンとボリュームのあるサンドイッチから、おやつに食べたいデザート系パンも。

栄養が偏らないように

おかずが多いお弁当を買う

選ぶときの決め手は使われている食材の多さ。丼ものではなく、おかずいっぱいのお弁当にしましょう。

野菜ものを買う

サラダや野菜の煮ものなどをプラスし、野菜不足を補いましょう。手軽な野菜ジュースでもOKです。

コンビニ食が続かないように

ラクだからとついコンビニに足が向いてしまいますが、気づけばこの1週間毎日コンビニだった!? なんてことにならないよう、その日の食事を簡単に記録してバランスのよい食生活を心がけましょう。

ちょっとひと手間

お気に入りの器に盛りつける

コンビニの容器から直接食べるのはちょっとワビしい…。食器に移しかえるだけでも見た目の印象はかわり、食欲をそそります。

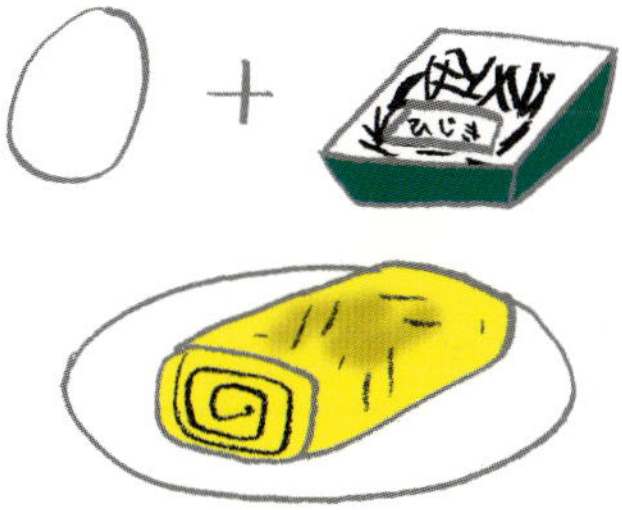

別の料理にアレンジ

ひじき入りの卵焼き、ポテトサラダにチーズやマヨネーズをのせて焼くだけの簡単グラタンもおすすめ！

宅配サービス

重たい食材からアツアツピザまで待っているだけで玄関に到着！

どんなものを配達してくれる？

ビール・水など

持って帰るのがユーウツになる飲料も宅配で。保存もきくため、まとめて注文し、ストックしておきましょう。

食材など

野菜、くだもの、調味料から乳製品までそろいます。スーパーではなかなか手に入らないこだわり食材が買えるというメリットも。

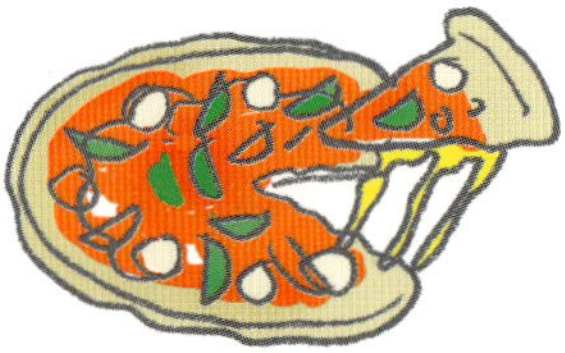

ピザ・寿司など

友だちを呼んだときはもちろん。最近はひとりサイズも充実。サイドメニューと合わせれば配達最低金額もクリアできそう。

どうやって頼む？

自宅までお届け

食材の宅配はすぐに品物を出して、冷蔵庫など適切なところに保存します。

電話やネットで注文

リクエストや疑問があればこのときに。

チラシやホームページで確認

配達可能地域、配達日数、時間指定の有無などを確認しましょう。いろいろ目移りしそうですが、買いすぎにも注意！

2

作る

ご飯を炊こう

最初に覚える料理は？
そうです、ホカホカご飯です。

どのくらい炊く？

茶わん1杯=0.5合

1合が180ml、その半分の0.5合が茶わん1杯と同じくらいの量になります。冷凍保存する分なども考え、何合炊くか調節しましょう。

なにで炊く？

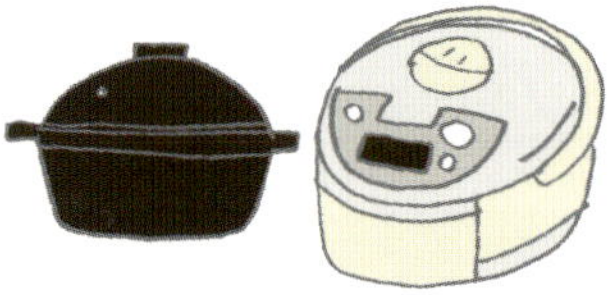

炊飯器と土鍋、どちらでもおいしい！

一見難しそうな土鍋炊きもコツを覚えれば簡単。また最近の炊飯器なら土鍋とかわらないほどおいしく炊き上がります。つまり、どちらを選んでもOKということ。

米をとぐ

1.

正確に米を量って、ボウルに入れます。

2.

たっぷりの水を入れて、軽く混ぜます。

3.

米がぬかの入った水を吸収する前に、手早く水を捨てます。

4.

手のひらで米をつかむように、リズミカルに米をといで、水で洗い流します。

5.

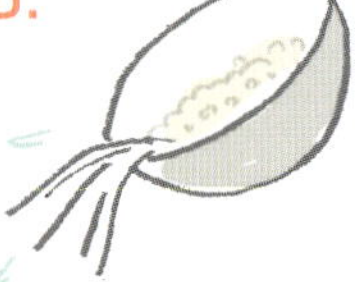

4の作業を3～4回繰り返します。水が完全に透明になるまでとぐ必要はありません。

6.

時間があれば、30分程度吸水させると、芯までふっくらと炊き上がります。

無洗米ならとがずにそのまま炊けます。

おいしいご飯の保存法

温かいうちに、茶わん1杯分のご飯をラップに平らにしいて、ふんわり包みます。冷めたらフリージングパックに入れて冷凍庫へ。

土鍋で炊いてみる

1.

といだ米と、分量の水を土鍋に入れ、表面を平らにならしたら、30分程度おきましょう。

水加減を覚えよう

水加減は、米の1.2倍が基本です。新米の場合は1.1倍程度にします。

2.

強火で一気に沸騰状態になるまで過熱します。

3.

湯気が上がったら、弱火にして12〜15分炊きます。

4.

火を止めて10分蒸らしたら、しゃもじでかき混ぜます。

5.

水分が蒸発しないように、ふたとの間にぬれぶきんをはさんでおきましょう。冷めてもおいしく食べられます。

おにぎりの具いろいろ

昆布のつくだ煮

甘辛い昆布は懐かしい味。香ばしいゴマ入り昆布もおすすめ。

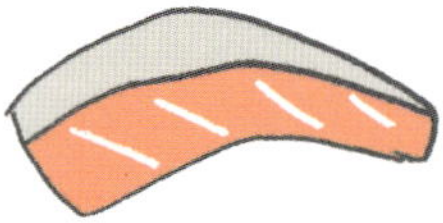

シャケ

夕食のシャケをちょっと残しておいて、翌日はおにぎりで。

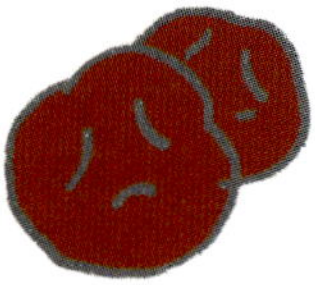

梅

ほっぺがキューッとなる酸っぱさが食欲をそそります。

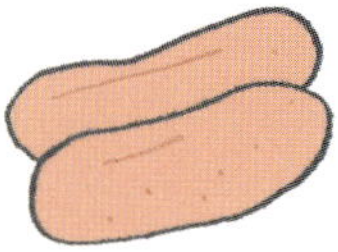

たらこ

ちょっと焼いて、表面の色が変わった半生たらこがイチオシです。

じゃこ

カルシウムたっぷり。じゃこ十青じそにすれば香りも最高！

おかか

かつお節としょう油を混ぜたおかかは、焼きおにぎりにしても美味。

ユニークな具

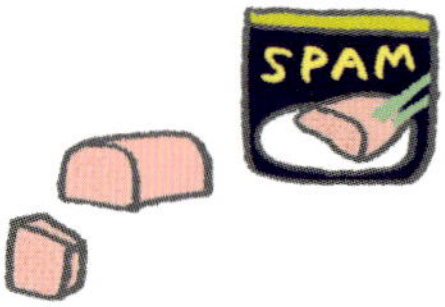

スパムハム

軽く焼いて塩、こしょうしたスパムハムのおにぎりはひそかな人気者。

きんぴら

食感のよいごぼうは食物繊維も豊富。市販のお惣菜を利用してもOK。

卵焼き

ふんわり甘～い卵焼きと、ほんのり塩味ご飯は相性抜群です。

梅かおかかかきんぴらか
今日のおにぎりはどれにする？

すぐに作れるご飯レシピ

失敗しらずの黄金チャーハン

ご飯1膳分、溶き卵1個分、刻みハム、長ねぎのみじん切り、塩、こしょう各少々、顆粒鶏がらスープの素小さじ1/2をボウルに入れて混ぜ合わせ、サラダ油を熱したフライパンで炒めます。

お鍋で1合炊き込みご飯

厚手の鍋に洗った米1合、同じ割合の水（180ml）、めんつゆ（3倍希釈）大さじ1、おろししょうが小さじ1/4、塩小さじ1/3、汁けをきったツナ缶（小）1缶を入れて軽く混ぜ合わせてからふたをして炊き上げます。
＊お好みで油揚げやにんじん、しめじなどを加えても。

鍋でのご飯の炊き方

1. 鍋に米と水を入れ、ふたをして強火にかけて沸騰したら2分ほどそのまま吹きこぼれないように加熱。
2. 弱火にして10分加熱。
3. 火を止めて10分蒸らす。

フライパンでカンタン！パエリア

フライパンにオリーブ油適量を熱し、米1合、シーフードミックス、ミートソース各50gを油がなじむまで炒め、コンソメスープ150ml、塩、こしょうで調味し、ふたをして水分がほどよくとぶまで弱火で炊き上げます。レモンを添えて。

パパッとクッパ

器にご飯1膳分、焼肉（カルビ焼きなどお好みのもの）適量を入れ、卵スープ（市販のもの）1人分をかけます。お好みで万能ねぎの小口切りと白ごまをふって。

手作り牛丼

鍋にめんつゆ（3倍希釈）200mlを入れ、玉ねぎの薄切り1/2個分、牛小間肉60gをほどよく煮、丼に盛ったご飯にのせます。七味唐辛子や温泉卵を添えても。

だしをとる

おいしいだしがとれれば料理の成功はほぼ確定です！

かつおと昆布のだし

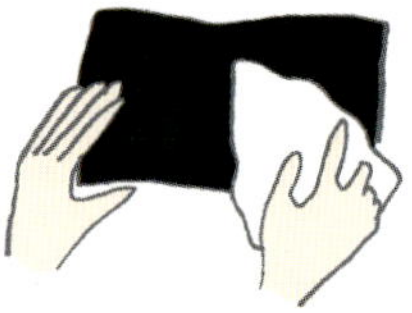

1.

昆布は洗わず、かたく絞ったふきんで軽くふきます。

2.

鍋に水と昆布を入れて30分浸したら中火にかけ、沸騰直前に昆布を取り出します。

3.

沸騰したらかつお節を加え、弱火で3分。火を止めて3分たったら、だし汁をこします。

煮干しのだし

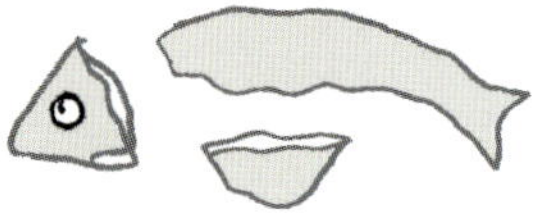

1.

頭とわたを取り除きます。

2.

鍋に水と煮干しを入れて30分浸します。アクを取り除きながら15分弱火で煮たら、だし汁をこします。

余っただしはペットボトルで保存

ペットボトルに入れて冷蔵庫で保存すれば2〜3日は持ちます。多めに作ってストックしておくと便利。

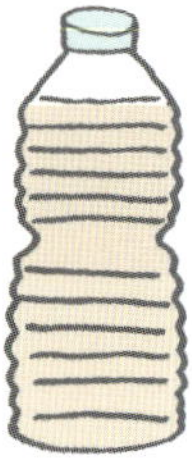

少量のだしをとるアイデア

電子レンジで

かつお節15gと水1カップを入れた耐熱ボウルにラップをかけ2分加熱。料理ごとに分量を変えます。

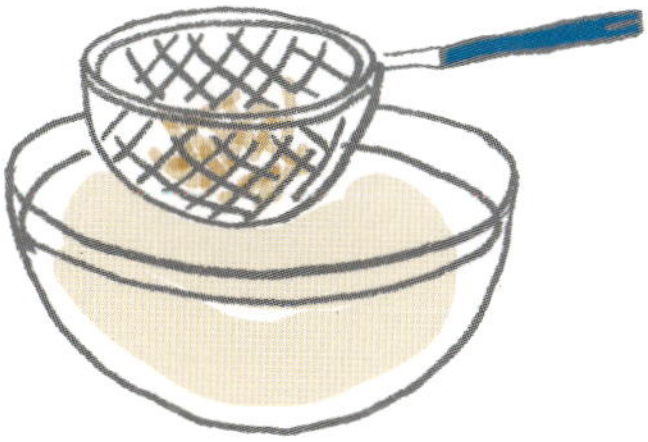

茶こしで

茶こしにかつお節を入れ、熱湯にしばらくつけておくだけで、簡単にだしがとれます。

だしの素いろいろ

中華のだし

多くは鶏がらスープを濃縮させたものです。スープはもちろん、炒めものの味つけにも利用できます。

洋風のだし

カレーや洋風煮込み料理に。牛肉料理にはビーフブイヨン、鶏肉料理ならチキンブイヨンと料理によって使い分けます。

和風のだし

とっただしに、だしの素を加えると味がくっきりします。かつおのほか、昆布やいりこのだしもあります。

おいしいみそ汁

とっても簡単なみそ汁。
具のバリエーションを楽しんで！

豆腐と油揚げのみそ汁

材料（１人分）

● だし汁(P.52参照)……150ml

● 絹ごし豆腐……１/４丁(75g)

● みそ……大さじ１

● 油揚げ……１/４枚

作り方

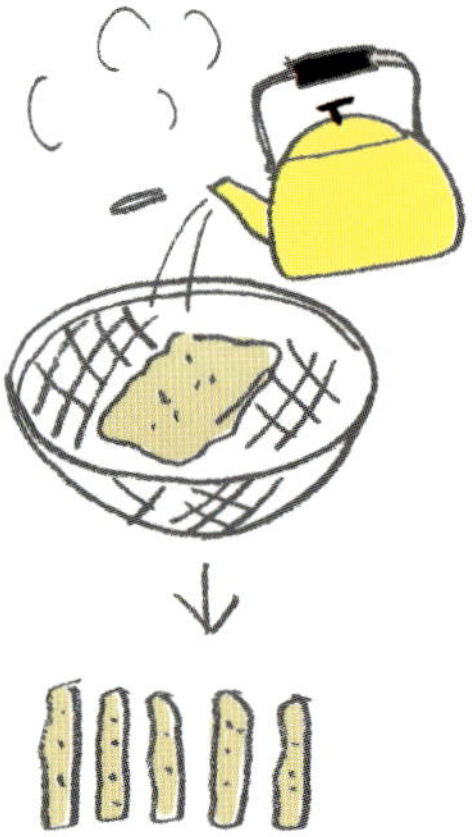

１．油揚げには湯をかけて油抜きをし、短冊に切る。

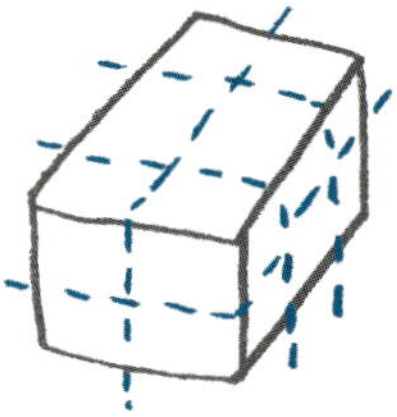

２．絹ごし豆腐はさいの目に切る。

３．鍋にだし汁を温め、１、２を加えて煮、みそを溶き入れる。

どの具が好み？

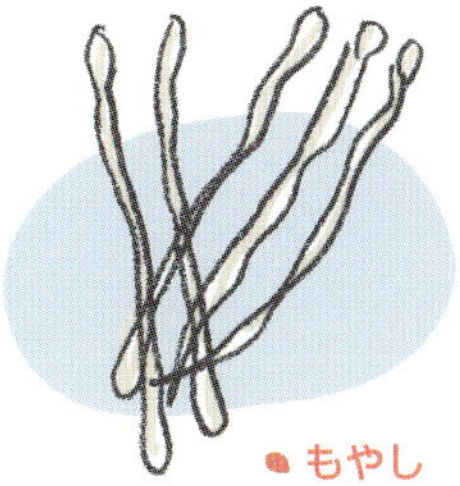

● もやし

● わかめ

● しじみなどの貝類

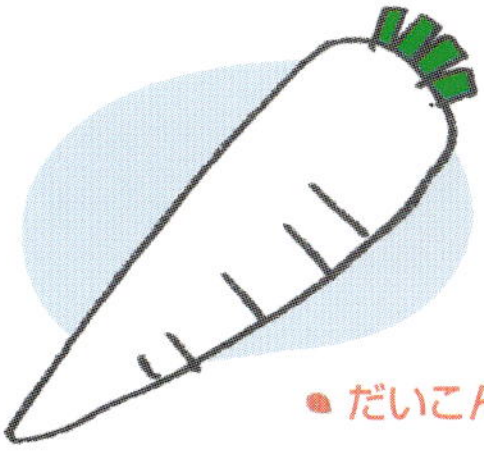

● だいこん

● キャベツ

● なす

×××××× おいしく作るポイント ××××××

1．みそを入れたら沸騰させない

沸騰させると、みその風味がとんでしまいます。みそを入れた後は鍋の様子に注意しましょう。

2．小さい鍋で作る

分量が少ないときは、小さい鍋を使いましょう。煮詰まりにくく、味が濃くなりすぎるのを防げます。

包丁とまな板

いきなりバンソウコウだらけ！
とならないようまず正しい持ち方を。

包丁の持ち方

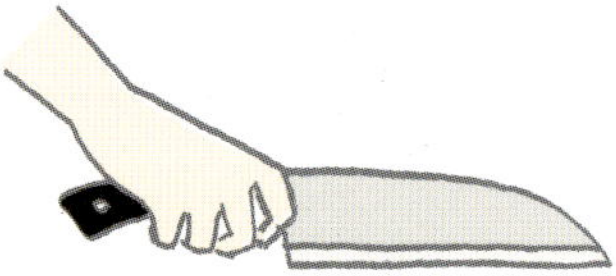

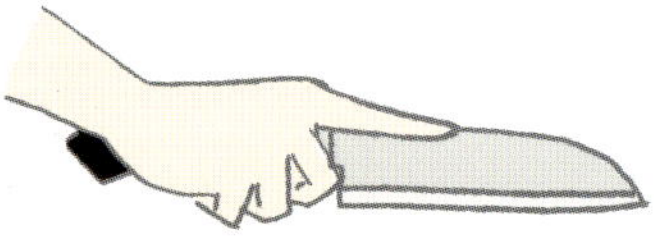

柄をにぎる

柄のつけ根を包むようにしっかりにぎりましょう。親指と曲げた人さし指で刃元をはさむようにすると力が入ります。かためのものを切るときに。

人さし指をのばす

基本の持ち方です。右手で柄のつけ根をにぎり、人さし指を包丁の背に添わせて刃を安定させます。

×××××× 包丁のいろいろ ××××××

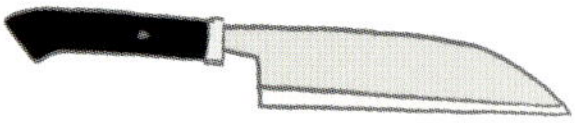

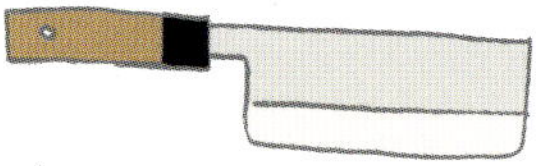

● 文化包丁

肉、魚、野菜、すべての食材に対応できる万能包丁です。

● 菜切り包丁

葉もの野菜を切るのに適した先のとがっていない包丁です。

● パン切り包丁

やわらかいパンをつぶさずに切れる波型の包丁です。

● ペティナイフ

小型の包丁です。くだものの皮をむいたり、飾り切りをするときに便利。

立ち方

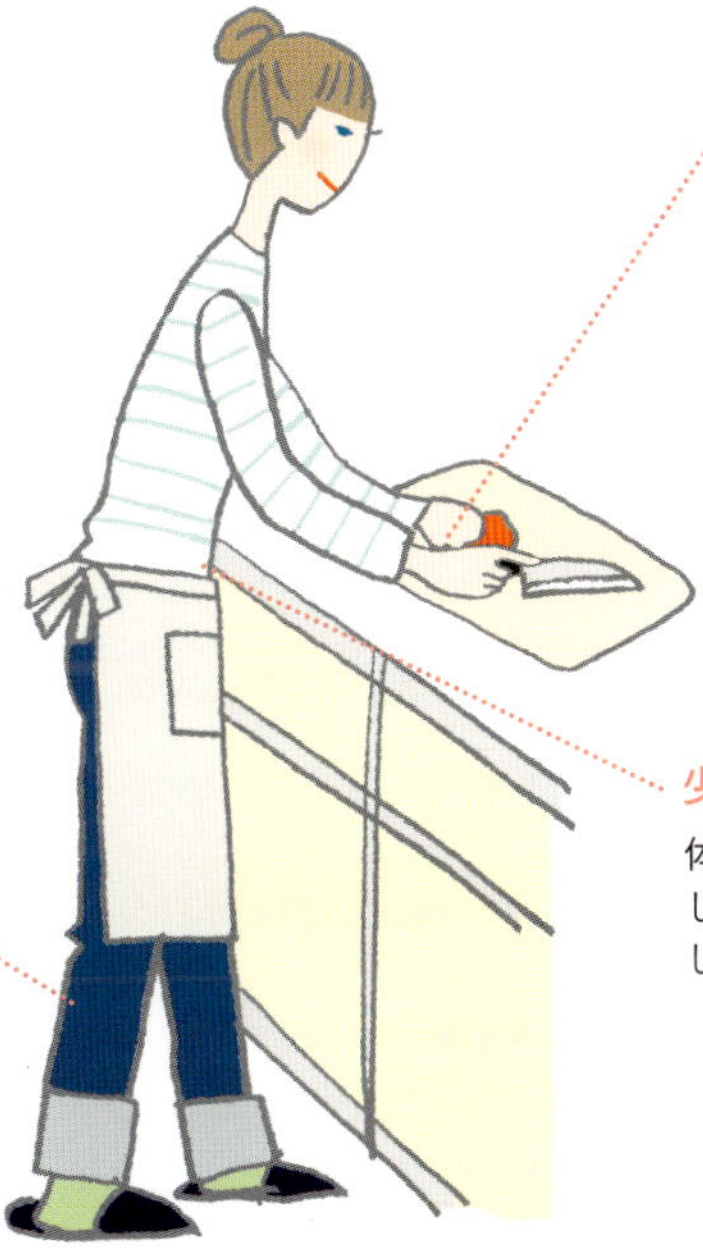

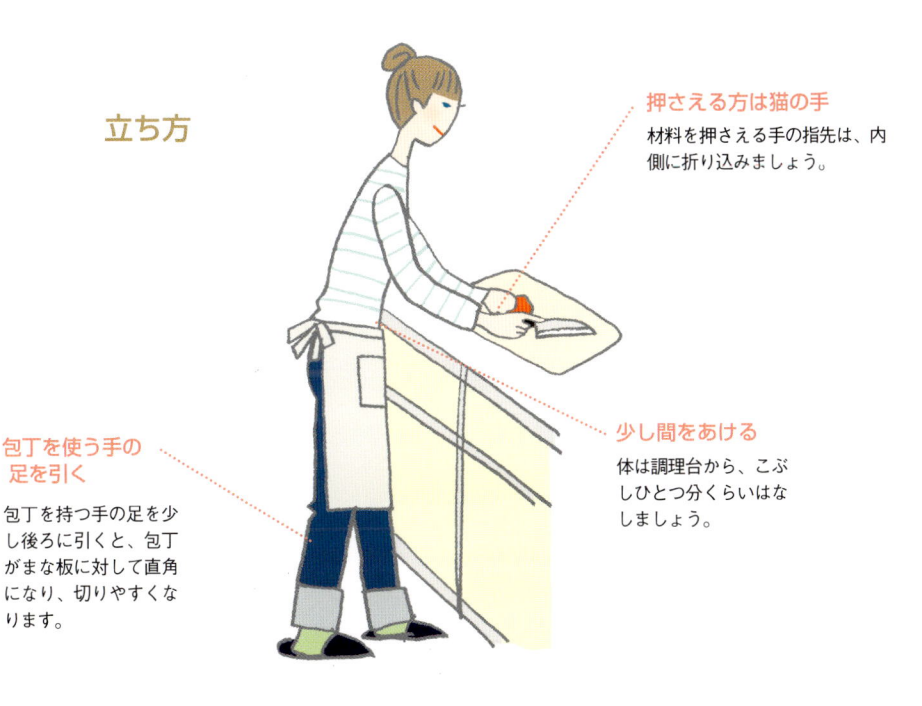

押さえる方は猫の手

材料を押さえる手の指先は、内側に折り込みましょう。

少し間をあける

体は調理台から、こぶしひとつ分くらいはなしましょう。

包丁を使う手の足を引く

包丁を持つ手の足を少し後ろに引くと、包丁がまな板に対して直角になり、切りやすくなります。

まな板のいろいろ

プラスティックのまな板

においや汚れがつきにくく、手入れも簡単です。すべりやすいときは、下にぬれぶきんをしきましょう。

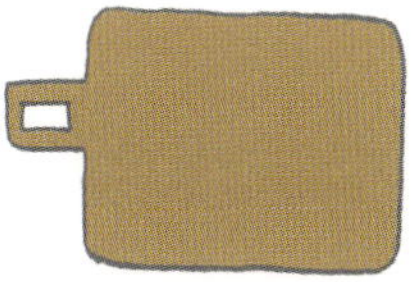

カッティングボード

手軽に使えるミニサイズのまな板。テーブルでパンやくだものを切るときに便利です。

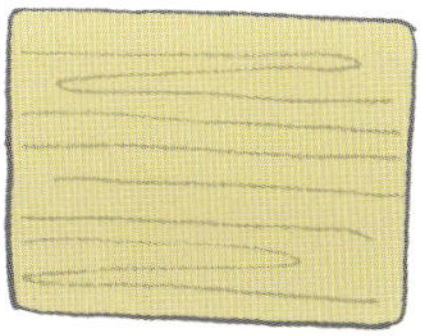

木のまな板

切りやすさを重視するなら、刃のあたりがやわらかい木のまな板。使い終わったら、すぐに洗ってよく乾かし、清潔にすることを心がけましょう。

基本の切り方

野菜をトントンと切る音を聞くと
なんだか心が和んできます。

みじん切り

素材を細かく刻みます。玉ねぎ、長ねぎは最初に切れ込みを入れると切りやすくなります。

せん切り

厚みのある野菜は、まず薄切りにしてから、3〜4枚ずつ重ねて1〜2mm幅に切ります。

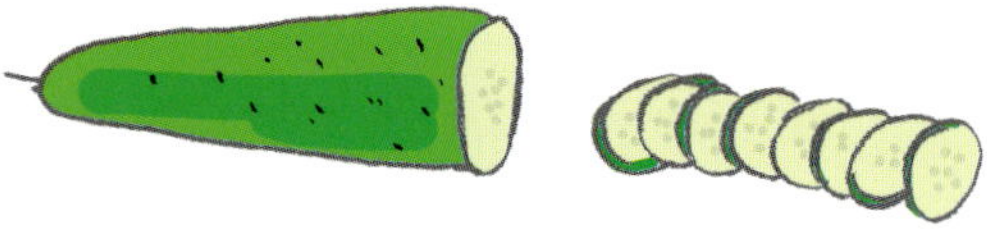

ななめ切り

包丁をななめに入れて、切り口がだ円形になるように切ります。きゅうりや長ねぎなどに。

小口切り

長ねぎやきゅうりなど、細い棒状の野菜を一定の厚さに切ります。包丁は垂直に入れましょう。

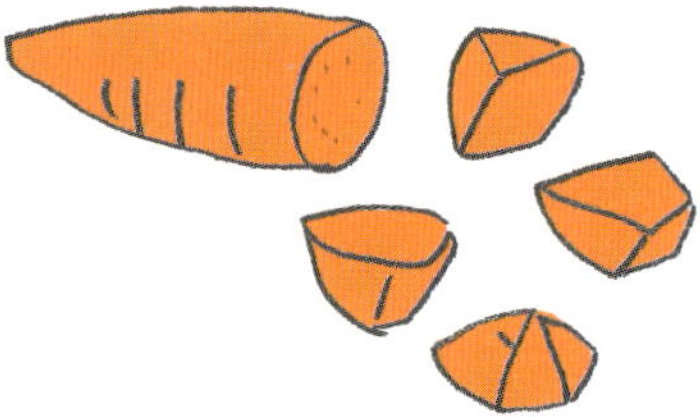

くし形切り

玉ねぎ、かぶ、トマト、りんごなど丸いものを放射線状に切ります。

乱切り

1回切るごとに野菜を回して、ななめに切ります。味がしみやすく、煮くずれしにくくなります。

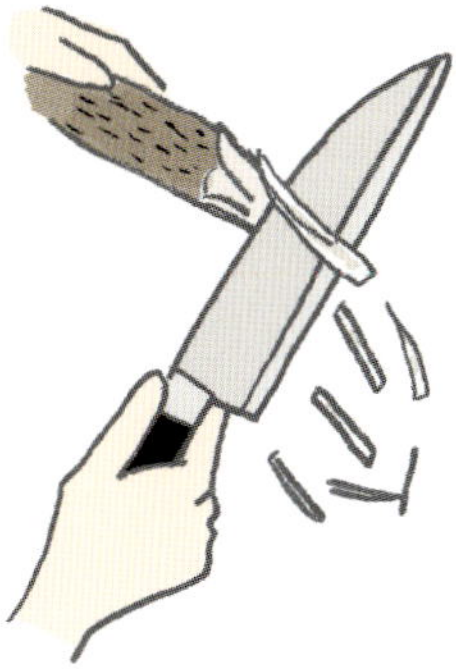

ささがき

おもにごぼうに用いる切り方です。鉛筆を削るように薄くそぎます。

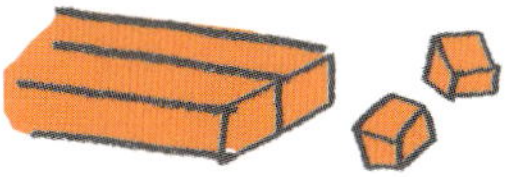

さいの目切り

およそ1cm角のサイコロ状に切ります。にんじんなどをサラダやあえものにするときや、みそ汁の豆腐などに。

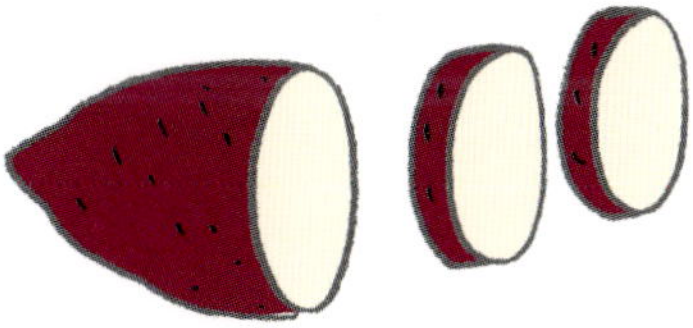

輪切り

なす、さつまいも、きゅうりなど、切り口の丸い野菜のかたちを生かして、一定の厚さに切ります。

いちょう切り

半月切りをさらに半分に切ったもの。厚切りは煮ものに、薄切りはサラダなどに適しています。

半月切り

野菜を縦半分に切った後、切り口をまな板につけて切ります。厚切りは煮ものに、薄切りは炒めものなどに適しています。

拍子木切り

厚さ1cm程度の板状に切ってから、さらに幅1cm程度のスティック状に切ります。煮ものなどに。

短冊切り

短冊のように薄い長方形に切ります。火の通りが早く見た目も美しいため、汁ものの具に向いています。

調理用語を知ろう

ひたひたの水加減ってどのくらい？
微妙な調理用語もこれで納得！

火加減

強火

炎が鍋を包むようにあたっている状態。煮汁の表面がボコボコと沸きます。沸騰させるとき、材料の表面に焼き色をつけたいときに。

中火

炎が軽く鍋底に触れている状態。煮汁の表面がフツフツと沸き立ち、具が少し動きます。料理でもっともよく使われる基本の火加減。

弱火

炎の先端が、鍋底に届かない状態。煮汁の表面がゆらゆら動く程度で、具はほとんど動きません。材料にじっくり火を通すときに。

水加減

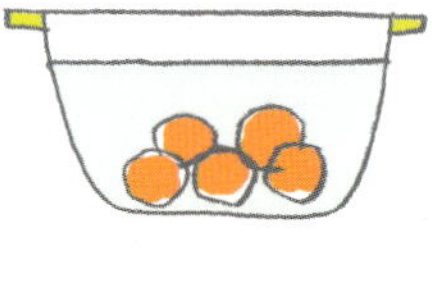

たっぷり

材料が完全に水に沈むくらい。パスタをゆでたり、大きく切った食材をじっくり煮るときに。

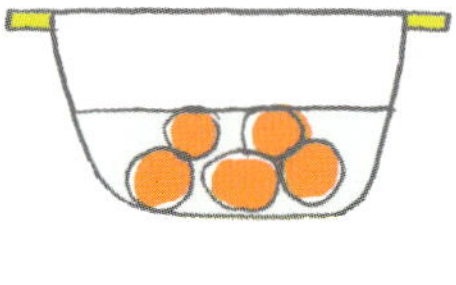

かぶるくらい

材料の表面が水でおおわれるくらい。じゃがいもをゆでたり、野菜を煮るときなどに。

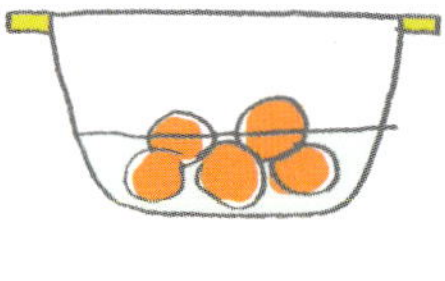

ひたひた

材料の表面が水面から少しのぞくくらい。魚を煮るときなどに適しています。

調理方法

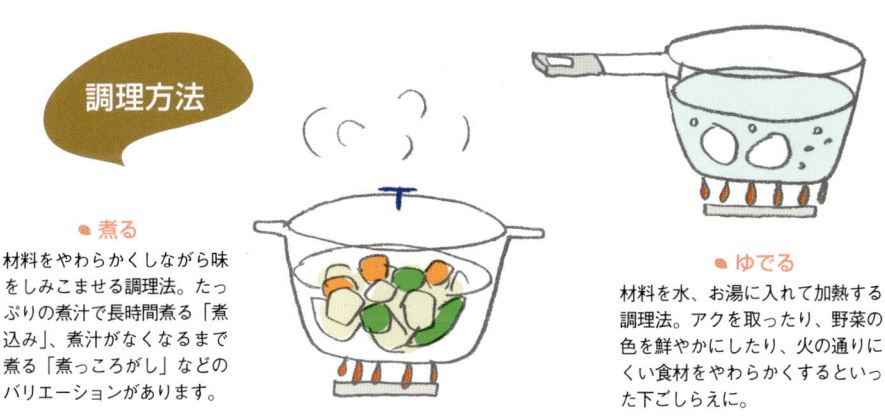

煮る

材料をやわらかくしながら味をしみこませる調理法。たっぷりの煮汁で長時間煮る「煮込み」、煮汁がなくなるまで煮る「煮っころがし」などのバリエーションがあります。

ゆでる

材料を水、お湯に入れて加熱する調理法。アクを取ったり、野菜の色を鮮やかにしたり、火の通りにくい食材をやわらかくするといった下ごしらえに。

炒める

少しの油をからめるようにして加熱する調理法。材料の下準備をしておき、一気に炒めるのがコツです。

焼く

フライパン、オーブン、直火などで加熱する調理法。火が通りにくいものは、ふたをして蒸し焼きにするとよいでしょう。

揚げる

熱した油のなかで加熱する調理法。小麦粉や片栗粉をまぶして揚げるから揚げ、小麦粉、溶き卵、パン粉をつけて揚げるフライなど、ボリュームのある料理に仕上がります。

あえる

魚や野菜などに、タレや、あえ衣(あえ物を作るために調味料を混ぜたもの)とからめる調理法です。

蒸す

蒸気を利用して過熱する調理法。蒸気が水滴になって料理に落ちるのを防ぐために、ふきんをはさんでふたをしましょう。

油のことを知る

調理のたびに必ず使う油。種類と特徴を知っておきましょう。

植物油のいろいろ

オリーブ油

オリーブを搾った油。パスタはもちろん、香りとコクをそのまま生かして、生野菜にオリーブオイルと塩をかけるだけでも絶品の一皿に。

グレープシード油

ぶどうの種を搾った油。ビタミンEを多く含み、コレステロール0%とメリットがいっぱい。バターの代わりにパンにつけるのもおすすめです。

ごま油

ごまを炒って搾った油。中国料理や韓国料理に欠かせません。風味づけとして用いるときは、仕上げに少量落とす程度で十分です。

ヴァージン・オリーブ油とピュアオイルの違いは？

搾った油を精製せず、そのまま製品にしたものがヴァージン・オリーブ油。一方、ピュアオイルは精製されたオリーブ油と、ヴァージン・オリーブ油をブレンドしたものです。

べに花油

べに花の種を搾った油。軽い味わいが魅力です。サラダ、カルパッチョ、マリネに。また揚げものに使ってもカラリと仕上がります。

なたね油

アブラナ（菜の花）の種を搾った油。風味がよく、加熱にも強いことから、サラダ油に使われることも多いです。

サラダ油

もっとも一般的な油。クセがなく、炒めもの、揚げものなどオールマイティに活躍します。

揚げ油の温度のめやす

高温 180℃以上

衣を落とすと、油の表面で散る程度。コロッケのように、中身には火が通っているものをカラッと揚げるときに。

中温 170〜180℃

衣を落とすと、鍋底までしずまず半分くらいの深さで浮き上がってくる。から揚げ、とんかつなどほとんどの揚げものはこの温度で。

低温 150〜160℃

衣を落とすと、鍋底までしずんで2〜3秒して浮き上がってくる程度。火が通りにくい食材をじっくり揚げるときに。

×××××× 使い終わった油は…… ××××××

捨てる

吸わせる

牛乳パックに新聞紙を詰めて、油を流し入れます。ガムテープなどでしっかり封をして、可燃ごみに。

かためる

油をかためる粉末タイプの凝固剤が市販されています。かたまったら可燃ごみとして処分します。

保存

オイルポットに

油の粗熱がとれたらすぐに、こし器を通してオイルポットに注ぎ入れます。冷暗所に保存しましょう。

2 作る

分量のこと

せっかくそろえた計量グッズ。
きっちり正確に量りましょう。

計量スプーン

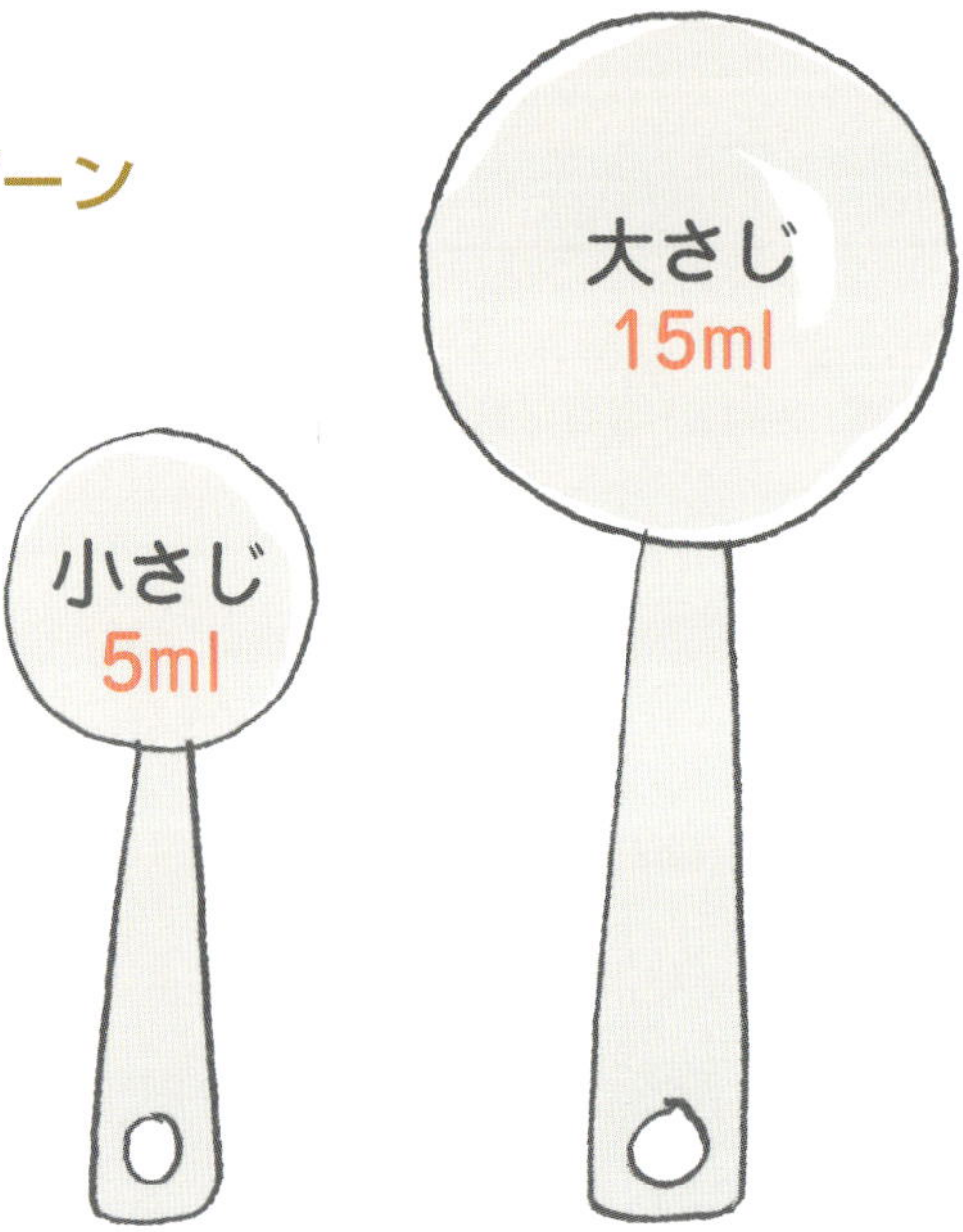

少量の粉類や液体を量るときには、計量スプーンを使います。粉類をすり切ったり、半分にしたりするときには、ヘラがあると便利です。

液体を量る

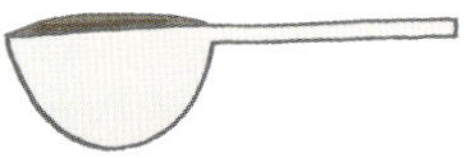

計量スプーンを平らに持ち、縁が盛り上がるくらいに液体を注ぎます。1/2とあるときはスプーンの深さの2/3をめやすに。

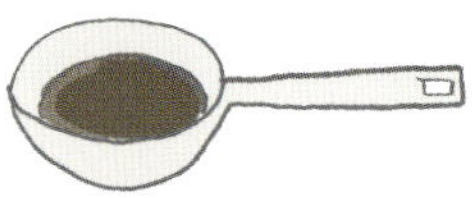

粉を量る

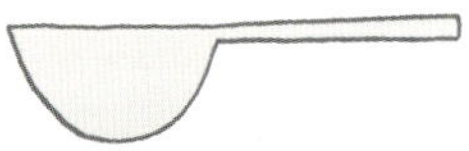

かたまりのない状態でふわっと山盛りにし、ヘラや箸などですり切ります。1/2にするときは、半分の量を取り除きます。

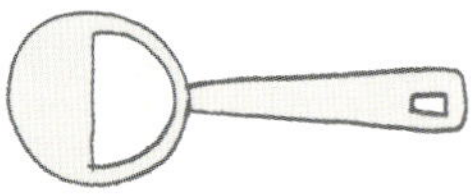

計量カップ

計量カップと米用のカップがあるので、使うときは要注意。水分が残っていると、粉がカップについてしまうため、粉を量ったあとはすぐ洗って乾かしておきましょう。

液体を量る

水平に見る

正確に量るために、目線が目盛りと水平になるようにしましょう。

粉を量る

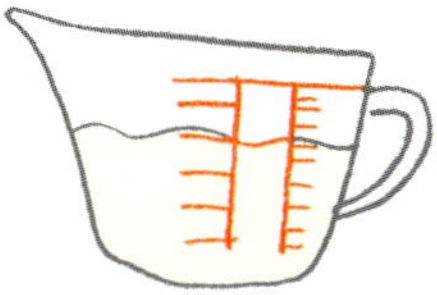

粉を量る

押し込めず、ふんわりと入れます。カップを軽くたたいて、表面をならしましょう。

手で量る

パスタ1人分

ちょうど10円玉と同じくらいの太さの束が1人分の目安です。

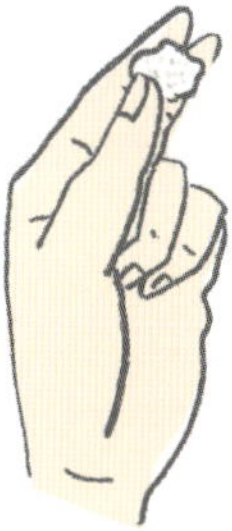

手でひとつまみ

親指、人さし指、中指、3本の指先で軽くつまんだ量です。

少々

親指と人さし指、2本の指先で軽くつまんだ量です。

調味料の重量早見表

大さじ1杯の砂糖はなんグラム？
チャチャッと換算できる便利表です。

調味料	小さじ (5ml)	大さじ (15ml)	カップ (200ml)
酒／酢	5	15	200
しょう油／みりん	6	18	230
天然塩	5	16	210
みそ	6	18	230
上白糖	3	9	130
小麦粉（薄力粉）	3	9	110
カレー粉	2	6	80

※数字はあくまでも めやすです　(g)

3

レシピ

3 レシピ

献立を考える

その日の気分で

「今日は朝からパスタな気分」「焼き肉屋さんの前を通ったらメチャクチャお肉が食べたくなった！」。そんな直感を大切に。

レシピ本を見る

レストランのメニューをながめる気分であれこれ写真を見ているうちに、食べたい一品が決まります。

曜日で決める

毎週土曜日は、お掃除をしながらカレーをコトコト煮込んで、DVDを見ながらゆったりディナーなんていかが？

和献立

やっぱりほっとする和食メニュー。煮ものやあえものなど、作り置きできる料理が多いのもうれしいところ。

メインは魚。それにサラダとスープと…
今晩のメニューは決まりましたか？

副々菜

ご飯がすすむ漬けもの、後味をさっぱりさせるおひたしなど。くだものでもOK。

副菜

野菜や、いも類、きのこ、海草など主菜に足りない栄養を補うものを。味つけ、調理法も主菜とは、かえるようにしましょう。

主菜

たんぱく質を豊富に含む肉、魚、卵などを使ったメイン料理です。

主食

ご飯や麺などは、体を動かすエネルギーの源。しっかり食べる習慣をつけましょう。

汁もの

みそ汁や吸いものなど。豚汁のように具だくさんの汁ものは、おかずにもなります。

中華献立

中国料理のメイン料理は揚げもの、炒めものなどが一般的。サラダ、海草や豆腐を使ったヘルシーなメニュー、薄味のスープなどを組み合わせましょう。

洋献立

ちょっとリッチな気分になれる洋食メニュー。カレーや具だくさんのパスタは主菜、主食、副菜を兼ねたものと考え、ビタミンや食物繊維を補うサラダやフルーツを添えましょう。

3
レシピ

かんたん朝ごはん

忙しい朝にも栄養がとれる
包丁いらずのかんたんレシピ。

ホカホカおにぎり
＋昆布とろろ汁

材料（１人分）

● ホカホカおにぎり

温かいごはん……軽く１膳分
かつお節……1/2パック
白炒りごま……小さじ１
しょう油……少々

● 昆布とろろ汁

とろろ昆布……ひとつかみ
かつお節……適量
熱湯……１５０ml
しょう油……少々

作り方

● ホカホカおにぎり

1. ボウルにごはん、かつお節、白炒りごま、しょう油を加えてふんわり混ぜ合わせる。
2. ラップで1を包んでにぎり、器に盛る。

● 昆布とろろ汁

おわんにとろろ昆布、かつお節を加えて熱湯を注ぎ、しょう油をたらしてできあがり。

ゆでたほうれん草としらす干しをしょう油であえて、料理に添えれば栄養アップ。

クロックムッシュ
＋野菜ジュース

材料（１人分）

食パン……１枚
バター、スライスハム、
ピザ用チーズ……各適量
野菜ジュース……コップ１杯

作り方

1. 食パンにバターを塗る。
2. スライスハムを1にのせ、フライパン（フッ素樹脂加工）に入れ、ピザ用チーズをたっぷりのせてフタをしてチーズがとろけるまで焼く。
3. 器に盛って、野菜ジュースを添える。

シリアルサラダ
＋フルーツシリアル

シリアルサラダとフルーツシリアルは別々に食べても一緒に食べてもいい。

材料（1人分）

● シリアルサラダ

シリアル（無糖）、レタス……各適量
ホールコーン缶……大さじ1
プチトマト……2個
市販の
シーザーサラダドレッシング……適量

● フルーツシリアル

シリアル（砂糖衣）、
フルーツミックス缶、
プレーンヨーグルト……各適量

作り方

● シリアルサラダ

シリアル（無糖）、ちぎったレタス、汁けをきったコーン、プチトマトを盛り合わせ、シーザーサラダドレッシングをかける。

● フルーツシリアル

シリアル（砂糖衣）、汁けをきったフルーツミックス缶、プレーンヨーグルトを盛り合わせる。

ツナ玉ごはん
＋セサミコンソメスープ

材料（1人分）

● ツナ玉ごはん

サラダ油……適量
卵……1個
ごはん……1膳分
ツナ缶（小）……1缶
マヨネーズ、レタス……各適量
しょう油、こしょう……各少々

● セサミコンソメスープ

顆粒コンソメスープの素……小さじ1
熱湯……150ml
白炒りごま……適量

作り方

● ツナ玉ごはん

1. サラダ油を熱したフライパンに卵を割り入れ目玉焼きを作る。
2. 丼にごはんを盛り、1、汁けをきったツナ、マヨネーズ、ちぎったレタスを盛り合わせ、しょう油、こしょうをふりかける。

● セサミコンソメスープ

マグカップに顆粒コンソメスープの素、熱湯を入れてよく混ぜ合わせ、白炒りごまを加えてできあがり。

3 レシピ

ぱぱっと昼ごはん

惣菜ものや冷凍食品を活用して手軽でおいしいランチタイム。

DELI風プレート

ひじきごはん

材料（１人分）

温かいごはん……１膳分
市販のひじきの煮もの……大さじ２
しょう油……少々

作り方

ごはんに市販のひじきの煮ものを混ぜ合わせ、しょう油で味を調える。

鮭の水煮のオニオン添え

作り方

鮭の水煮の汁けをきって器に盛り、玉ねぎの薄切りを水にさらして上にのせる。マヨネーズやポン酢しょう油を添えて。

材料（１人分）

鮭の水煮缶……１缶
玉ねぎ……1/4個
マヨネーズ
またはポン酢しょう油……各適量

豆サラダ

材料（１人分）

ひよこ豆缶や
レッドキドニー缶……合わせて８０g
マヨネーズ、塩、こしょう……各適量

作り方

ひよこ豆缶やレッドキドニー缶などの汁けをきって、マヨネーズ、塩、こしょうであえる。

洋食屋さんのオムライス

材料（1人分）

冷凍チキンライス……1人分
卵……2個
牛乳……大さじ2
塩、こしょう……各少々
サラダ油・バター……各少々
レトルトの
ハヤシライスソース……1人分

作り方

1. 冷凍チキンライスは商品の指定通り、フライパンや電子レンジなどで加熱して器に盛る。
2. ボウルに卵、牛乳、塩、こしょうを混ぜ合わせ、サラダ油とバターを熱したフライパンで半熟のスクランブルエッグを作る。
3. 1に2をのせ、温めたレトルトのハヤシライスソースをかける。

3分で！中華丼

材料（1人分）

レトルト八宝菜……1人分
レトルト豚の角煮……2切れ
温かいごはん……1膳分

作り方

1. レトルト八宝菜とレトルト豚の角煮を熱湯で温める。
2. 丼にごはんを盛り、1を盛り合わせる。

3
レシピ

和食で夜ごはん

栄養バランスもよくてヘルシーな和食ごはん。

一汁三菜のバランス献立

かじきの照り焼き +きのこの香りソテー

材料（1人分）

かじきまぐろ……1切れ
しょう油、みりん……各大さじ2
サラダ油……大さじ1
しめじ……1/4パック
しいたけ……1枚

作り方

1. かじきまぐろはしょう油、みりんに漬け、サラダ油を熱したフライパンで焼き上げ、器に盛る。

2. 石づきを取ったしめじとしいたけは食べやすい大きさにし、1のフライパンで炒め、残った1の漬け汁で味をととのえる。

けんちん汁

材料（1人分）

サラダ油……小さじ2
市販の豚汁用カット野菜……1/4袋
木綿豆腐……1/4丁
水……1カップ
めんつゆ（3倍希釈）……大さじ2
塩……少々

3. 鍋にサラダ油を熱し、豚汁用カット野菜、木綿豆腐を炒め合わせ、分量の水、めんつゆ、塩を加えてほどよく煮込む。

＊季節のくだものを添えて、一汁三菜のできあがり。

ヘルシースチームポーク+野菜のごまあえ

ヘルシースチームポーク

材料（1人分）

もやし……1/2袋
豚ロース薄切り肉……80g
塩、こしょう……各少々
水……1/4カップ
酒……大さじ2
ポン酢しょう油またはごまダレ……適量

野菜のごまあえ

材料（1人分）

さやいんげん……4本
れんこん……1/2節
白すりごま……大さじ2
砂糖、しょう油……各小さじ1

作り方

1. さやいんげんは3等分に切り、れんこんは半月の薄切りにする。

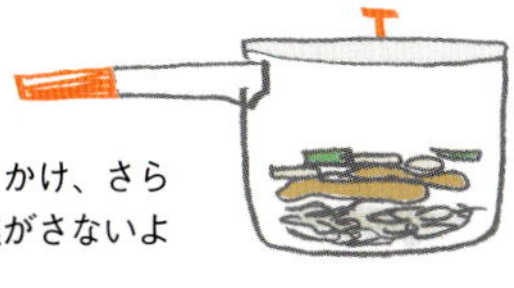

2. 鍋にもやしをしいて、その上に豚ロース薄切り肉を並べ、塩、こしょうをし、分量の水、酒をふりかけ、さらに1を加えてフタをして焦がさないように蒸し焼きにする。

3. ボウルに白すりごま、砂糖、しょう油を混ぜ合わせ、2のいんげんとれんこんを加えてあえる。

4. 豚肉ともやしはポン酢しょう油やごまダレでいただく。

3 レシピ

洋食で夜ごはん

自分へのごほうびメニューも
日常メニューも洋食におまかせ。

ステーキ+かんたんマッシュポテト

かんたんマッシュポテト

材料（1人分）

じゃがいも……小1個
塩、こしょう、マヨネーズ……各少々

作り方

じゃがいもは皮つきのまま水にくぐらせてから器にのせ、ラップをかけて電子レンジで3分加熱する（竹串をさして火の通りを確認しながら加熱時間を調節）。熱いうちに皮をむいてつぶし、塩、こしょう、マヨネーズを混ぜ合わせる。

ステーキ

材料（1人分）

牛脂またはサラダ油……適量
牛ステーキ用肉
（サーロインなど）……1枚
クレソン、市販のステーキソース
またはにんにくじょう油……各適宜

作り方

1. フライパンに牛脂またはサラダ油を熱し、常温に戻した牛ステーキ用肉（サーロインなど）をお好みの焼き加減に仕上げる。

2. 器にマッシュポテト、ステーキ、クレソンを盛り合わせ、市販のステーキソースやにんにくじょう油をかけていただく。

ハヤシライス
＋なすのマリネ風

ハヤシライス

材料（1人分）

玉ねぎ……小1個
牛こま切れ肉……８０g
塩、こしょう……各少々
サラダ油……大さじ1
水……２００ml
ハヤシライスルウ……1皿分
温かいごはん……1膳分

作り方

1. 薄切りにした玉ねぎ、塩、こしょうをした牛こま切れ肉はサラダ油を熱したフライパンで炒め、分量の水を加えて煮る。
2. 1のアクを取り除き、ハヤシライスルウを加えてほどよく煮込み、器に盛ったごはんにかける。

なすのマリネ風

材料（1人分）

なす……1本
オリーブ油……大さじ1
塩、こしょう……各少々
市販のフレンチドレッシング……適量

熱くても、冷やしてもおいしい。

作り方

なすはヘタを切り落として縦に5㎜厚さに切り、オリーブ油で焼き、塩、こしょうをふってから器に盛り、市販のフレンチドレッシングをなじませる。

ロコモコ風ごはん
＋トマトとオニオンのサラダ

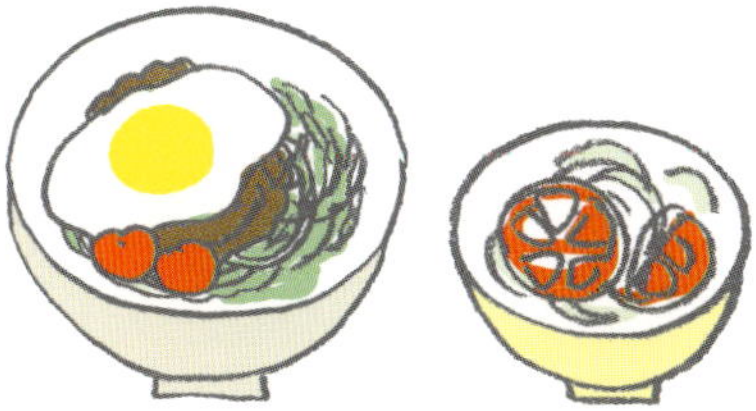

ロコモコ風ごはん

材料（1人分）

市販のハンバーグ、卵……各1個
サラダ油、レタス……各適量
温かいごはん……1膳分
プチトマト……2個

作り方

1. 市販のハンバーグは温める。卵はサラダ油を熱したフライパンで焼いて目玉焼きを作り、レタスはせん切りにする。
2. 器にごはんを盛り、1を盛り合わせ、プチトマトを添える。

トマトとオニオンのサラダ

材料（1人分）

トマト……1/2個
玉ねぎ……1/4個
かつお節、ポン酢しょう油
……各適量

作り方

トマトは薄切りにして器に盛り、水にさらして水けをきった玉ねぎの薄切りを上に盛り、かつお節、ポン酢しょう油をかける。

3 レシピ

おもてなしレシピ

パーティ気分が盛り上がる
わいわいメニューをご紹介。

ピンチョスのpoint

- そのままでも、エキストラバージンオリーブオイル、塩、粗びきこしょうを適量かけて食べてもおいしい。
- クラッカーを用意して、生ハム、スモークサーモン、レバーペースト、クリームチーズなどを添えれば、さらに豪華に！
- 彩りにイタリアンパセリを添えてもキレイ。

チーズフォンデュ

材料（2人分）

ホワイトソース缶……1缶
ピザ用チーズ……1カップ
じゃがいも、にんじん、
ブロッコリー、パン、ソーセージ、
プチトマト……各適量

作り方

1. 鍋にホワイトソースを温め、ピザ用チーズを加えてなめらかに混ぜ合わせる。
2. じゃがいも、にんじん、ブロッコリーはそれぞれ食べやすい大きさにし、ゆでる。
3. パンはひと口大に切り、ソーセージやプチトマトなども用意する。
4. 1のチーズソースに2と3の具材をからめながらいただく。

ピンチョス

材料（2人分）

むきえび……100g
塩、こしょう……各少々
マヨネーズ……大さじ1
チーズ（モッツァレラ、クリームチーズ、カマンベール、プロセスチーズなどお好みで）、ゆでだこ、プチトマト、セロリ、ピクルス、スタッフドオリーブなど……各適量

作り方

1. 背わたを取ったむきえび100gはゆでて塩、こしょうを軽くふり、マヨネーズであえる。

2. ひと口大に切ったチーズ、ゆでだこ、プチトマト、セロリ、ピクルス、スタッフドオリーブなど各適量を用意する。

3. 1、2の具材をお好みで組み合わせてつまようじやピックでさし、器に盛り合わせる。

手作り餃子

材料（2人分）

白菜……1/8個
にら……1/2束
豚ひき肉……50g
塩、こしょう、酒、ごま油、
しょう油……各小さじ1
餃子の皮……20枚程度
サラダ油、ごま油……各適量

作り方

1. 白菜、にらはみじん切りにする。

2. ボウルに豚ひき肉、塩、こしょう、酒、ごま油、しょう油を加えてよく混ぜ合わせる。

3. 2に1を混ぜ合わせ、餃子の皮に適量のせて包む。

4. フライパンにサラダ油を熱し、3の餃子を並べ、焼き色をつけてから水1/2カップ（分量外）を加えてふたをして蒸し焼きにする。水分がなくなったらごま油を加え、ふたをしないでこんがり焼き上げる。同じ手順ですべて焼き上げる。

3
レシピ

のんびりブランチ

友だちとのお泊まり会の翌朝は遅めに起きてしっかりごはん。

材料（2人分）

- サンドイッチ用のパンまたはスライスバゲット適量
- ゆで卵2個

- 塩・こしょう各少々

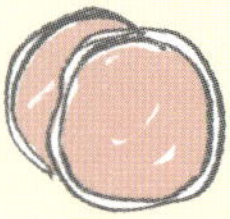

- スライスハム適量
- スライスチーズ適量

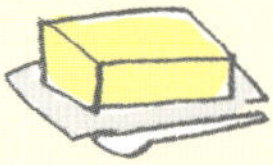

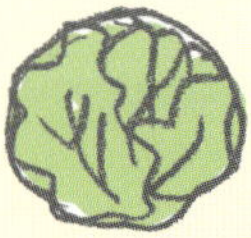

- バター適量
- マヨネーズ大さじ2
- レタス適量
- トマト適量

作り方

1.

ゆで卵はみじん切りにしてボウルに入れ、塩、こしょう、マヨネーズを加えてあえ、卵サラダを作る。

2.

ちぎったレタス、スライスチーズ、スライスハム、1、トマトなど各適量、お好みの具材を用意して器に盛り合わせる。

3.

サンドイッチ用のパンやスライスバゲットにバターを薄く塗り、2のお好みの具材をのせていただく。

コブサラダボウル

材料（2人分）

市販の照り焼きチキン……８０g
ゆで卵……２個
バゲット……適量
ブロッコリー……1/4個
レタス……1/2個
プチトマト……４個
レッドキドニーなどお好みの豆缶……1/2缶
コブサラダドレッシングなど
お好みのドレッシング……適量

作り方

1. 市販の照り焼きチキン、ゆで卵、バゲットはひと口大に切る。

2. ブロッコリーは小房に分けてゆでる。レタスはちぎり、プチトマトは半分に切る。レッドキドニーなどお好みの豆の缶汁をきる。

3. ボウルに１と２の具材を盛り合わせ、コブサラダドレッシングなどお好みのドレッシングをかけていただく。

ラザニア

材料（2人分）

ラザニア……４枚
なす……２本
オリーブ油……大さじ３
バター……適量
市販のミートソース缶……１缶
ピザ用チーズ……適量

作り方

1. ラザニアはゆでる。

2. なすは薄切りにし、オリーブ油を熱したフライパンで両面こんがり焼き上げる。

3. 耐熱容器に薄くバターを塗り、市販のミートソース、２のなす、１のラザニアを繰り返し重ね、ピザ用チーズをかけてオーブントースターで焦げ目がつくまで焼き上げる。

3 レシピ

お弁当を作ろう

自分で作ったお弁当でも
ふたを開けたときはちょっと感動！

卵焼き

お弁当にたびたび登場する卵焼き。具を入れたり、味つけをかえることで変化をつけましょう。

メインのおかず

肉類、魚介類など主菜を入れます。ご飯やおかずを熱いまま詰めると、お弁当箱のなかに水滴がたまり、雑菌が繁殖しやすくなります。できたてのおかずは十分に冷ましてから詰めましょう。

野菜などの副菜

ちょっとがんばってもう一品。でも無理をせず、簡単な野菜スティックや冷凍食品などでも。

ご飯

梅干しは傷み防止にも役立ちます。ふりかけごはんやそぼろごはん、おいなりさんなどは見た目も楽しい！

味つけにバリエーションを

単調になりがちなお弁当のおかず。同じ食材を使うときも、レモン汁、酢、カレー粉、ハーブスパイスなど、いろいろな調味料を使い分けてバリエーションを。

カラフルにしよう

赤、黄、緑、茶（黒）と4色そろえば彩りも鮮やか。カラフルなお弁当は、栄養バランスOKのサインでもあります。

お弁当箱いろいろ

● 木

木が余分な水分を吸収し、ご飯のおいしさをしっかりキープ。ちょっとレトロなかたちにも愛着がわきます。

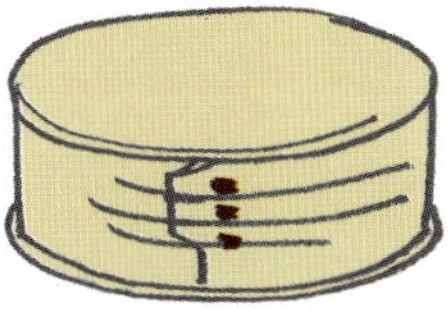

● 曲げわっぱ

ふたを開けると木のよい香りが。通気性にすぐれているため、ご飯が傷みにくいというメリットがあります。

● プラスティック

もっとも一般的な素材。ふたにパッキンがついているタイプを選べば汁けの多いおかずを詰めても安心です。

● アルミ

熱を伝えやすいアルミ。夏は保冷剤といっしょに包んでくだものを冷やしたり、冬は食べる少し前にカイロを下にしいてホカホカ弁当にすることもできます。

3
レシピ

あまったおかずでもう一品

昨日のおかずの残りも
アイデア次第で別の料理に変身。

肉じゃがの卵とじ丼

肉じゃが

作り方

1. 鍋に肉じゃがを入れ、水少々（分量外）を加えて温める。
2. 1に溶き卵をまわし入れてフタをしてほどよく加熱する。
3. 丼に盛ったごはんに2をのせお好みで青ねぎの小口切りを散らす。

材料（1人分）

肉じゃが……1人分
溶き卵……1個分
温かいごはん……1膳分
青ねぎの小口切り……適量

ピザ餃子

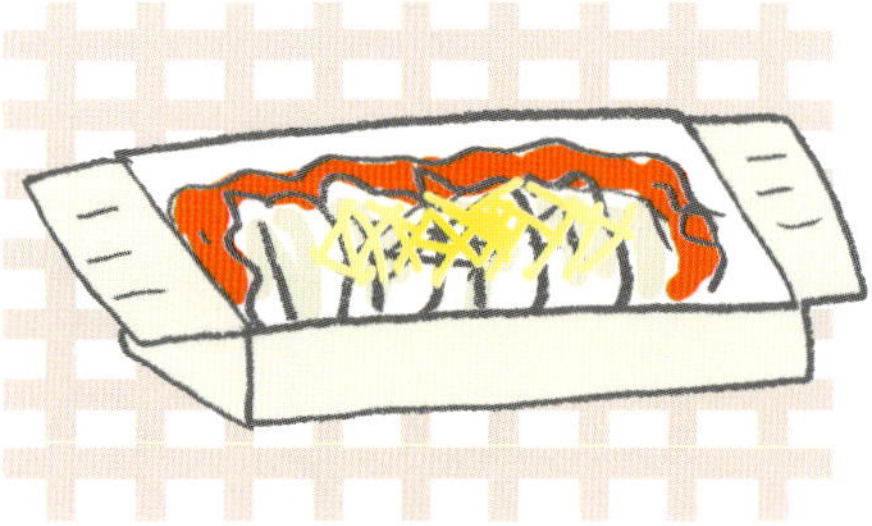

餃子

作り方

1. 耐熱容器に焼き餃子を並べる。
2. 1にピザソースをかけ、ピザ用チーズをふりかける。
3. オーブントースターで焦げ目がつくまで焼き上げる。

材料（1人分）

焼き餃子……6個
ピザソース……大さじ3
ピザ用チーズ……適量

パングラタン

これをアレンジ!

シチュー

作り方

1. 表面がかための丸いパンの中身をくりぬき、なかにバターを薄く塗る。

2. 1に温めたシチューを詰め、ピザ用チーズを散らす。

3. オーブントースターで焦げ目がつくまで焼き上げる。

材料（1人分）

表面がかための丸いパン……1個
バター、シチュー、
ピザ用チーズ……各適量

台湾風肉そぼろ

これをアレンジ!

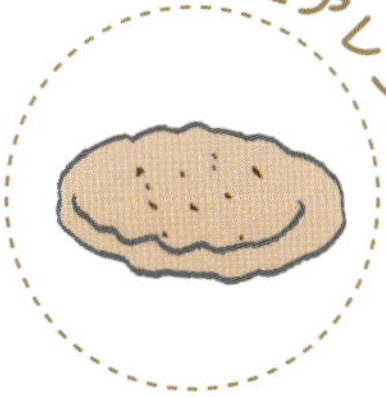

ハンバーグのタネ

作り方

1. ハンバーグのタネを、サラダ油を熱したフライパンでポロポロに炒める。

2. もやしを加えて炒め合わせ、塩、こしょう、しょう油（あれば五香粉）で調味する。
＊ごま風味のラーメンのトッピングにすれば坦々麺風に。チャーハンに添えてもおいしい。

材料（1人分）

ハンバーグのタネ（生）……８０g
サラダ油……適量
もやし……1/2袋
塩、こしょう、しょう油（あれば五香粉）……各少々

3 レシピ

副菜アレンジ

もう一品ほしいとき。
作り置きしていた副菜が大活躍。

ひじきにぎり

ひじきの煮もの

作り方

1. ボウルにごはん、ひじきの煮ものを混ぜ合わせ、しょう油で味をととのえる。
2. 1を2等分にしておにぎりにする。
3. 市販の高菜の葉の漬けもので包んだり、みそを塗って焼きおにぎりにする。

材料（１人分）

温かいごはん……おにぎり２個分
ひじきの煮もの……大さじ２
しょう油……少々
市販の高菜の葉の漬けもの、
みそなど……各適量

ほうれん草のだし巻き卵

ほうれん草のおひたし

作り方

1. ボウルに卵、だし汁、砂糖、塩を入れてよく混ぜ合わせる。
2. フライパンにサラダ油を熱し、1を流し入れて数回大きくかき混ぜる。
3. ほうれん草のおひたしを卵の手前にのせ、フライ返しで巻き、器に盛る。

材料（１人分）

卵……２個
だし汁……大さじ２
砂糖、塩……各少々
サラダ油……適量
ほうれん草のおひたし……６０g

和風豆腐ハンバーグ

きんぴらごぼう

作り方

1. きんぴらごぼうは粗く刻む。
2. ボウルに鶏ひき肉、水けをきった絹ごし豆腐、塩、こしょう、溶き卵、片栗粉を入れ、よく混ぜ合わせる。
3. 2に1のきんぴら、長ねぎのみじん切りを加えてさっくり混ぜ合わせ、まるめて焼き上げる。大根おろしにポン酢しょう油などでどうぞ。

材料（1人分）

きんぴらごぼう
(粗く刻んだもの）……大さじ2
鶏ひき肉……５０g
絹ごし豆腐……1/4丁
塩、こしょう……各少々
溶き卵……1/2個分
片栗粉……小さじ1
長ねぎのみじん切り……大さじ1
大根おろし、ポン酢しょう油……各適量

ポテトロールポーク

ポテトサラダ

作り方

1. 豚ロース薄切り肉に塩、こしょうをふり、それぞれにポテトサラダをのせて手前から巻き上げる。
2. サラダ油を熱したフライパンで1をころがしながら焼き上げる。
3. 焼肉のタレを加えて煮からめる。

材料（1人分）

豚ロース薄切り肉……4枚
ポテトサラダ……８０g
塩、こしょう、サラダ油、
市販の焼き肉のタレ……各適量

3 レシピ

残りがち食材一掃メニュー

1回の料理では使い切れなかった
あまり食材が主役の料理です。

なす

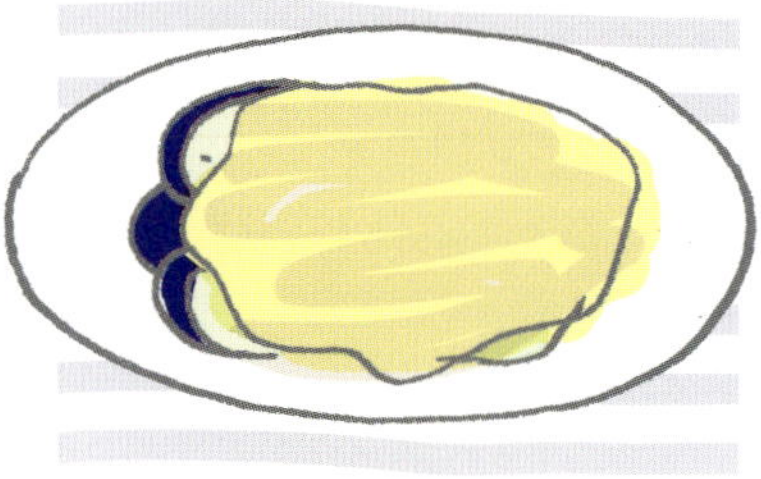

なすで柳川風

縦4等分の厚さに切ったなす2本を鍋に並べ、ひたひたのめんつゆ（ストレート）を加えて煮、溶き卵1個をまわしかけてほどよく加熱する。

なすの油焼き

1㎝厚さの輪切りにしたなす1本をサラダ油大さじ3で揚げ焼きにし、器に盛って、おろししょうが、かつお節、しょう油各適量をかける。

じゃがいも

じゃがいもきんぴら

じゃがいも1個は皮をむいてせん切りにし、ごま油適量で炒め、しょう油、みりん各適量で味をととのえる。七味唐辛子をかけて。

おやき

皮をむいてすりおろしたじゃがいも1個分に、小麦粉、水各大さじ1、顆粒和風だしの素、塩、こしょう各少々を加えてひと口大に焼き上げる。ソースやしょう油でいただく。

にんじん

● かんたんマリネ

にんじん1／2本の皮をむいてピーラーで薄くそぎ、白炒りごま小さじ1、フレンチドレッシング大さじ1であえるだけ。

● パリパリ焼き

せん切りにしたにんじん1／2本分に小麦粉適量を薄くまぶしたあと、小麦粉、水各大さじ1、卵1個を混ぜ合わせた衣をからめて、熱したごま油適量で揚げ焼きにする。天つゆや塩をつけて。

キムチ

● キムチ雑炊

鍋に鶏がらスープ400ml、ごはん1膳分、白菜キムチ40gを加えてほどよく煮込み、塩、こしょう、しょう油各少々で味をととのえてから溶き卵1個分を加える。仕上げにごま油少々をまわし入れる。

● キムチチーズ焼き

春巻きの皮（小）1枚に棒状に切ったプロセスチーズ1切れ、キムチ大さじ1を包み、多めのサラダ油で揚げ焼きにする。同じ手順で好みの量作る。

ピーマン

● ピーマンとしらすのジュジュッと油あえ

細切りにしたピーマン2個としらす干し大さじ1を器に盛り、熱したごま油大さじ1をジュッとかけてからしょう油小さじ1をまわしかけ、混ぜ合わせればできあがり。

● ピーマンのマスタードマリネ

縦4等分に切ったピーマン2個をサラダ油小さじ2で焼いて塩、こしょうをし、マヨネーズ、粒マスタード各小さじ2を混ぜ合わせたソースであえる。

3
レシピ

減らない調味料を活用

いつもと違う使い方で、
定番料理に隠し味。

チューブしょうが

しょうが焼きや、照り焼き料理の下味に加えて。

みそ汁やお吸いものに加えれば減塩効果も。

チューブわさび

ステーキにたっぷり塗ってしょう油をかければさっぱり風味に。

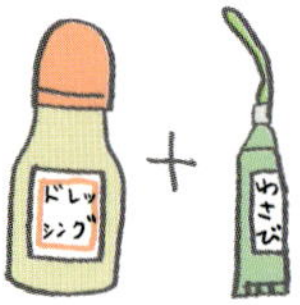

食べる直前にドレッシングに加えれば大人のドレッシング。

豆板醤

わかめスープなど定番スープに加えてピリ辛に。

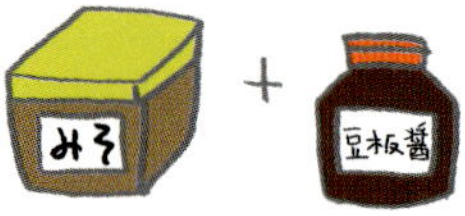

みそと合わせて炒めもの調味料に。

チューブからし

酢じょう油に加えてきゅうりとわかめなどのあえものに。

マヨネーズと合わせてサラダ、サンドイッチなどに。

ジャム

紅茶の砂糖の代わりにすれば甘味と香りをプラス。

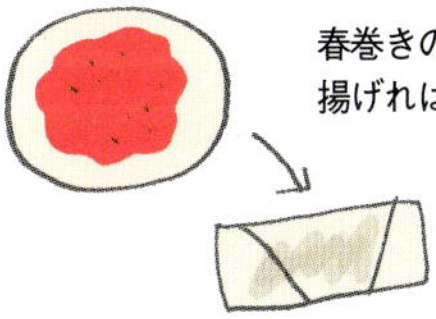

春巻きの皮で包んで揚げればパイ風。

山椒

あえものやお新香に添えて。

つくだ煮などといっしょにごはんに混ぜてかんたん混ぜごはん。

みそ

マヨネーズと合わせてスティック野菜のソースとして。

みそとみりんを混ぜ合わせて田楽に。

バター

戻したレーズンと室温に戻したバター各適量を混ぜ合わせてラップで包めばレーズンバター。

シチューの仕上げや蒸し料理に。

3 レシピ

今夜はカレー

疲れていても、へこんでいても
カレーなら作れる、食べられる！

材料（3～4皿分）

・カレールウ 1箱
＊全部は使いません
・にんじん1本
・じゃがいも2個
・肉200gくらい
・玉ねぎ1個
・サラダ油適量

カレーを保存するときは

マメに火を通す

秋冬の涼しい季節なら2日程度常温保存できますが、1日1回は必ず火を通しましょう。

夏場は要注意

梅雨時から夏は料理が傷みやすい季節。香りが強く、スパイシーなカレーは傷んでいることに気づきにくいため注意が必要です。この季節は冷凍保存が鉄則。

作ってみよう

1. 肉、にんじん、玉ねぎ、じゃがいもをひと口大に切り、じゃがいもは水にさらします。

2. 鍋にサラダ油を入れ、1の肉と野菜を炒めます。

3. 水を加え、沸騰したらアクを取り、ふたをします。材料がやわらかくなるまで、弱火～中火で煮込みましょう。

4. いったん火を止め、カレールウを入れて溶かします。

5. 再び弱火で10分程度煮込みます。

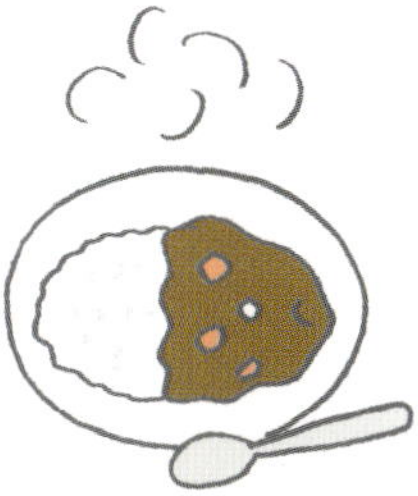

6. できあがり！

冷凍保存のコツ

1食分ずつ保存

再冷凍すると味が落ち、保存状態も悪くなるため、あらかじめ食べ切りサイズに分けてから冷凍しましょう。

じゃがいもは取り除いて

じゃがいもは、冷凍するとボソボソになるだけでなく、具のなかでもとくに傷みやすい野菜です。保存するときは取り除きましょう。

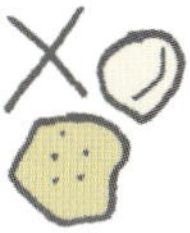

密閉容器に入れて

一度加熱して冷ましてから、フリージングパックや密閉容器に入れて冷凍保存しましょう。冷蔵庫で自然解凍してからあたため直したほうが、風味が損なわれません。

3 レシピ

カレーアレンジ

アレンジを変えれば、3日間カレーづくしでも平気です。

カレーうどん

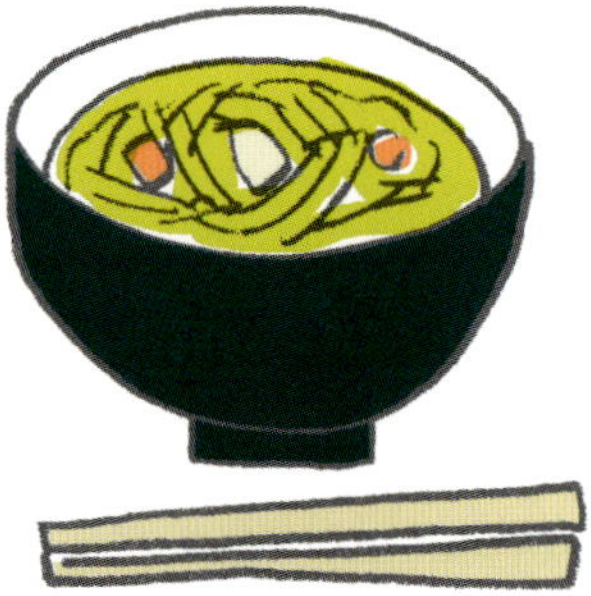

材料（1人分）

カレー、めんつゆ(ストレート)
……各1カップ
長ねぎ……10cm
水溶き片栗粉……適量
ゆでうどん……1玉

作り方

1. 鍋にカレー、めんつゆ(ストレート)を加え、よく混ぜ合わせてひと煮立ちさせる。
2. 斜め切りにした長ねぎを加えてから水溶き片栗粉でほどよくとろみをつける。
3. 2にゆでうどんを加えて3分ほど煮込み、器に盛る。

カレー焼きそば

材料（1人分）

焼きそば用中華蒸し麺……1玉
サラダ油……大さじ1
カレー……1/2カップ
ウスターソース、しょう油……各少々

作り方

1. 焼きそば用中華蒸し麺を、サラダ油を熱したフライパンで水少々（分量外）を加えて炒める。
2. 1に温めたカレーを加えて炒め合わせる。
3. ウスターソース、しょう油で味をととのえて器に盛る。

なんちゃってカレーピラフ

材料（1人分）

サラダ油……小さじ2
ごはん……1膳分
カレー……1カップ
塩、こしょう、しょう油……各少々

作り方

1. フライパンにサラダ油を熱し、ごはんを炒め、塩、こしょうをふる。
2. 1にカレーを加えてよく混ぜ合わせながら炒め合わせる。
3. 塩、こしょう、しょう油で味をととのえて器に盛る。

焼きカレー

材料（1人分）

温かいごはん……1膳分
カレー……1カップ
ピザ用チーズ……適量
卵……1個

作り方

1. 耐熱容器にごはんを盛り、温めたカレーをかける。
2. 1にピザ用チーズ、卵を落とし入れ、オーブントースターでこんがりと焼き上げる。
3. 卵黄を全体にからめながらいただく。

3 レシピ

パスタが好き

マスターしておきたい
キホンのパスタ4種の作り方。

おいしいパスタのゆで方

なるべく深く大きな鍋で、たっぷりの湯をわかします。

湯が沸騰してきたら、今度はたっぷり塩を入れましょう。

パスタは袋の表示時間よりも少しだけ早めにあげてアルデンテに。

ペペロンチーノ

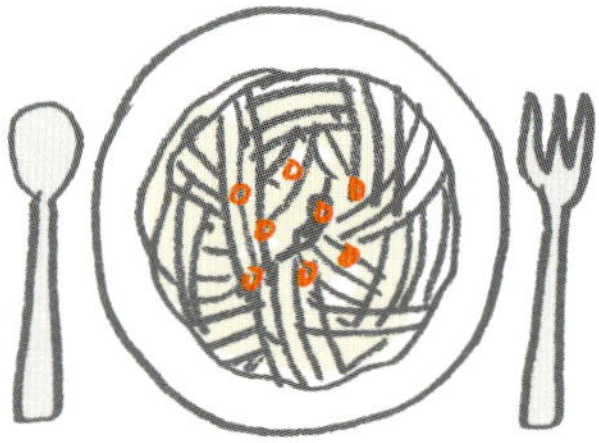

材料（1人分）

オリーブ油……大さじ2
にんにく……1片
赤唐辛子(輪切り)……1本分
スパゲッティ……100g
塩、こしょう……各少々

作り方

1. フライパンにオリーブ油を熱し、薄切りにしたにんにく、赤唐辛子を炒める。
2. スパゲッティは塩を加えたたっぷりの湯でゆでて湯をきり、1に加える。
3. よく混ぜ合わせながら炒め、塩、こしょうで味をととのえる。

ミートソース

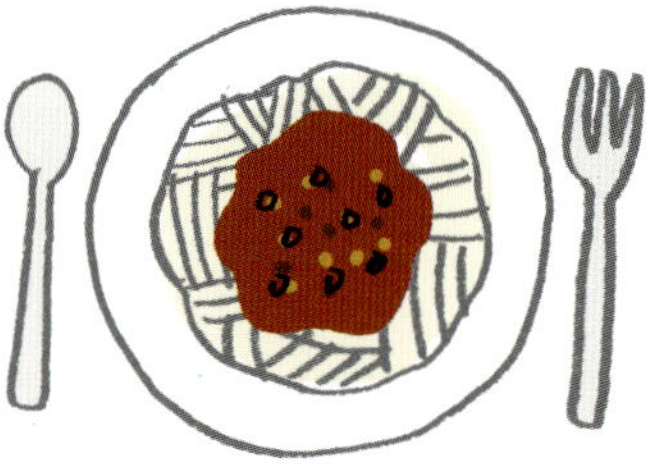

材料（1人分）

牛ひき肉……100g
玉ねぎのみじん切り……1/2個分
トマト……1個
サラダ油……大さじ1
ナツメグ、塩、こしょう……各少々
固形コンソメスープの素……1/2個
スパゲッティ……100g

作り方

1. 牛ひき肉、玉ねぎのみじん切り、湯むきをしてざく切りにしたトマトをサラダ油を熱したフライパンで炒め合わせる。
2. 1にナツメグ、塩、こしょう、固形コンソメスープの素を加えてほどよく煮込む。
3. スパゲッティは塩を加えたたっぷりの湯でゆでて器に盛り、2のソースをかける。

和風パスタ

材料（1人分）

サラダ油……大さじ1
にんにくのみじん切り……少々
しめじ、まいたけ……各1/2パック
スパゲッティ……１００g
塩、こしょう、めんつゆ……各少々
ツナ缶、刻みのり……各適量

作り方

1. フライパンにサラダ油を熱し、にんにくのみじん切り、ほぐしたしめじ、まいたけを炒め、塩、こしょうをふる。
2. スパゲッティは塩を加えたたっぷりの湯でゆでて湯をきり、1に加える。
3. 2を炒め合わせてめんつゆ、塩、こしょうで味をととのえる。
4. 器に盛り、汁けをきったツナ、刻みのりを添え、混ぜ合わせていただく。

こんな具材を加えてもおいしい！

トマトソースのパスタ

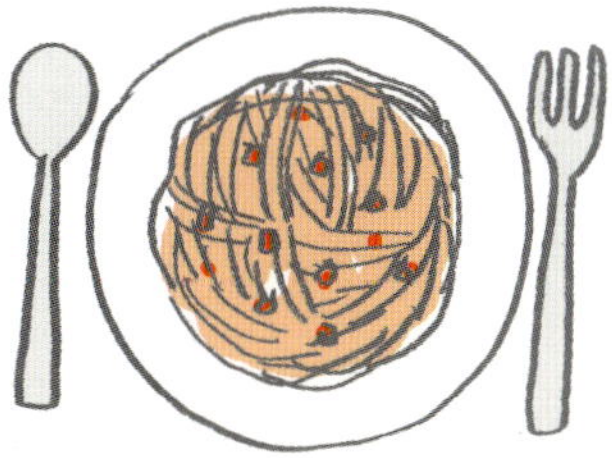

材料（1人分）

オリーブ油……大さじ1
にんにく……1片
ホールトマト缶……1/2缶
スパゲッティ……１００g
オリーブ油、塩、こしょう……各少々
バジルの葉……2枚
粉チーズ……適量

作り方

1. フライパンにオリーブ油を熱し、つぶしたにんにくをじっくり炒めてから取り出し、ホールトマト缶を加えてつぶしながら塩少々を加えて煮る。
2. スパゲッティは塩を加えたたっぷりの湯でゆでて湯をきり、1に加える。
3. 2にオリーブ油、ちぎったバジルの葉を少し残して加えてよく混ぜ合わせ、塩、こしょうで味をととのえてから器に盛る。
4. 粉チーズをふり、残りのバジルの葉を添える。

こんな具材を加えてもおいしい！

麺が食べたい！

手軽に作れる麺メニューは
ひとり暮らしさんにピッタリです。

麺料理はひとり暮らしさんの強い味方

ひと皿でOK

他のおかずがなくても、食事として成り立つのがうれしいところ。具だくさんにすれば、栄養面もバッチリ。

かんたん

うどんやそうめんなら鍋、焼きそばならフライパン1つが必要なだけ。その手軽さが魅力です。

キホンの焼きそば

材料（1人分）

サラダ油……適量
塩、こしょう……各少々
豚薄切り肉……４０g
キャベツ……１枚
もやし……1/4袋
焼きそば用中華蒸し麺……１玉
水……大さじ２
添付のソース……１袋
青のり、紅しょうが……各適量

作り方

1. フライパンにサラダ油を熱し、ひと口大に切って塩、こしょうをふった豚薄切り肉、ざく切りにしたキャベツ、もやしを炒め合わせる。
2. 1に焼きそば用中華蒸し麺、水を加えて炒め合わせる。
3. 麺がほぐれたら添付のソースを加えて味をなじませ器に盛り、青のり、紅しょうがを添える。

焼きそばアレンジ

そばめし

フライパンでみじん切りにした焼きそば１人分とごはん軽く１膳分を炒め合わせ、ウスターソースを加えて味をととのえる。

オムそば

卵２個、牛乳大さじ２、塩、こしょう各少々を混ぜ合わせ、バター適量を溶かしたフライパンに流し入れる。平らに片面を焼いたら焼きそば１人前をのせ、卵で包んで器に盛る。

キホンのかけうどん

材料（1人分）

うどん……1人分
だし汁……2カップ
薄口しょう油……大さじ2
塩……少々
天かす、青ねぎの小口切り……各適量

作り方

1. たっぷりの熱湯でうどんをゆでる。
2. 別の鍋にだし汁を温め、薄口しょう油、塩を加えてかけつゆを作る。
3. ゆであがったうどんをざるにあげて湯をきり、器に盛る。かけつゆをかけ、天かす、青ねぎをのせる。

讃岐うどんいろいろ

ぶっかけうどん

讃岐うどん1人分をゆで、冷水にさらし、ざるにあげて湯をきる。器に盛り、青ねぎの小口切り、大根おろし、すだち各適量をのせる。めんつゆ（2倍希釈）と水を同量で割ったつゆ適量をかけていただく。

釜揚げうどん

讃岐うどん1人分をゆで、ゆで汁ごと器に移す。めんつゆ（ストレート）適量につけながらいただく。お好みで、おろししょうが、青ねぎの小口切り、白炒りごま適量を混ぜてもおいしい。

キホンのそうめん

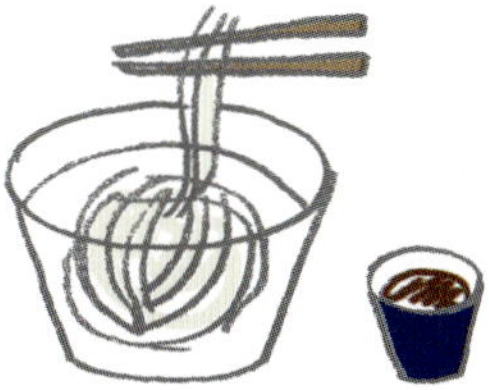

材料（1人分）

そうめん……1束
めんつゆ（ストレート）……適量
青ねぎ、白炒りごま、おろししょうが……各適量

作り方

1. たっぷりの熱湯でそうめんをゆでる。
2. 冷水にさらし、ぬめりを取り除く。
3. 氷水をはった器にそうめんを盛り、めんつゆにつけていただく。お好みで小口切りにした青ねぎ、白炒りごま、おろししょうがを添えて。

そうめんアレンジ

そうめんチャンプルー

そうめん1束は半分に折ってからさっとゆでてごま油少量をまぶし、玉ねぎの薄切り1/4個分、ツナ缶小1/2缶、炒り卵1個分と炒め合わせ、塩、こしょう、めんつゆ各少々で調味する。お好みで青ねぎ適量を散らして。

あったかにゅうめん

ほどよくゆでて冷水にとったそうめん1束を、水けをきってからめんつゆ（ストレート）2カップでお好みのかたさに煮込む。花がつおを添えたり、刻みねぎを散らして。風邪をひいたときにもおすすめ。

3
レシピ

カップラーメンを楽しむ

えっ、こんなの入れちゃうの!?
なんて言わずにお試しください。

みそラーメン
＋インスタントコーヒー

小さじ1杯のインスタントコーヒーを入れると、香ばしさと苦味が加わり、大人の味に。

みそラーメン＋ポテトチップス

入れたてパリパリから、スープを吸い込んでやわらかくなるまで。いろんな食感が楽しめます。

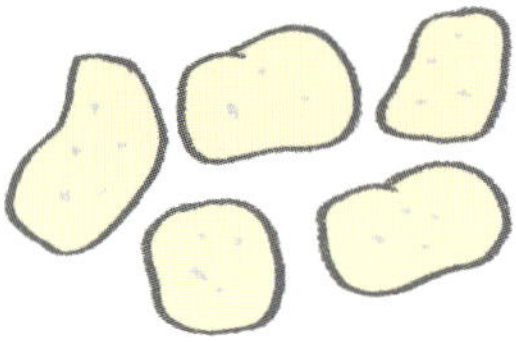

塩ラーメン
＋マヨネーズ

溶けたマヨネーズがコクとまろやかさをプラスします。ほどよいこってり感に大満足！

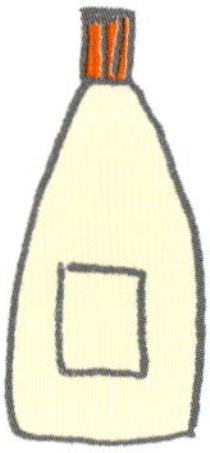

みそ・しょう油ラーメン
＋フレッシュミルク

フレッシュミルク2個程度で、クリーミーな仕上がりに。スープが塩辛いときにも。

オールラーメン＋牛乳

お湯の代わりに熱い牛乳！体があったまる、やさしい味になります。

みそラーメン
＋とろけるチーズ

濃厚スープの王者はコレ！とろとろチーズが麺にからみ、リッチな味わいに。

しょう油ラーメン＋ご飯

ラーメンのあとのお楽しみ。残ったスープにご飯を入れれば、ラーメンおじやのできあがり！

ワンタンメン＋豆板醤＆酢

ピリ辛＆酸味が加われば、本格中華の味に。夏バテシーズンにもぴったりです。

塩ラーメン＋お茶

お湯の代わりに熱いお茶を注ぎます。コクを残しながらも、さっぱりしたスープがクセになりそう。

しょう油ラーメン＋炒めねぎ＆炒めにんにく

香ばしく炒めた長ねぎとにんにくをたっぷり。翌日デートの約束がなければぜひ！

みそラーメン＋青じそ

せん切りにした青じそをたっぷりふりかけて。青じその香りが食欲をそそります。

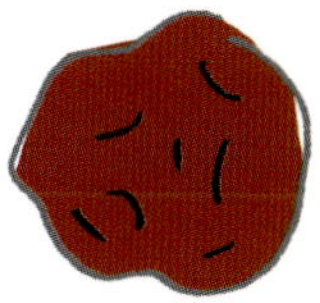

塩ラーメン＋梅干し

梅干しの酸味がスープと混ざり合い、さっぱり和風ラーメンに早変わり。

オールラーメン＋のりの佃煮

やわらかく溶けたのりが、麺によくからみます。塩分が多いのでお湯を多めに入れましょう。

みそラーメン＋かつおだし

かつおだしを小さじ1杯加えると、魚だし系スープの味になります。

みそラーメン＋中華丼の具

レトルト食品の中華丼の具を、温めてかけるだけ。具だくさんで栄養バランスもバッチリ。

3 レシピ

野菜炒めいろいろ

好きな野菜でパパッと作れます。
具や味つけでアレンジを楽しんで。

まずはキホンの野菜炒め

材料（１人分）

豚バラ薄切り肉……適量
キャベツ……２～３枚
にんじん……少々
玉ねぎ……1/4個
もやし……1/4袋
サラダ油……大さじ１
塩、こしょう、しょう油……各少々

作り方

1. 豚バラ肉、キャベツはひと口大に切り、にんじん、玉ねぎは食べやすい大きさに切る。もやしはさっと水で洗う。

2. フライパンを熱してサラダ油を入れ、豚肉、にんじん、玉ねぎ、キャベツ、もやしの順に炒め、塩、こしょう、しょう油を加え、さっと炒めて器に盛りつける。

+鶏がらスープの素+とろみ

鶏がらスープの素で味つけし、水溶き片栗粉であんかけ風にすれば、中華風野菜炒めのできあがり。

+カレー粉

カレー粉のスパイスで、もりもりご飯がすすみます。

+卵+ゴーヤ+豆腐

沖縄料理のゴーヤチャンプルー風にしたいときは、この3つをプラス。

+キムチ

ピリ辛の豚キムチ風に早変わり。白菜のシャキシャキ感も美味。

+牛肉+焼肉のタレ

豚肉を牛肉に変えて、焼肉のタレを加えれば、かんたん焼肉定食に。

3 レシピ

お金がないときのもやし料理

安さが頼もしいもやしは
アイデア次第で立派なおかずに。

もやしで ボリュームアップカツ

材料（１人分）

もやし……1/2袋
サラダ油……小さじ2
塩、こしょう各……少々
豚ロース薄切り肉……４枚
小麦粉、溶き卵、パン粉、揚げ油、とんかつソース、ポン酢しょう油……各適量

作り方

1. もやしはサラダ油を熱したフライパンで炒めて塩、こしょうをふり、粗熱をとる。
2. 豚ロース薄切り肉に塩、こしょうをふり、1を均等にのせ、巻き上げる。

3. 2に小麦粉、溶き卵、パン粉を順につけ、フライパンに熱した170℃の揚げ油でカラッと揚げて器に盛る。とんかつソースやポン酢しょう油でいただく。

もやしの炊き込みごはん

材料（１人分）

米……１合
だし汁……１８０ml
しょう油、みりん……各小さじ 1/2
塩、おろししょうが……各少々
もやし……1/4袋（５０g）
青ねぎの小口切り……適量

作り方

1. 炊飯器に洗った米、だし汁、しょう油、みりん、塩、おろししょうがを混ぜ合わせる。
2. 1の表面にもやしを散らし、普通に炊き上げる。
3. 炊き上がったら混ぜ合わせ、お好みで青ねぎを散らす。

もやしあんかけ丼

おろししょうが少々、もやし1/2袋を鍋に熱したサラダ油で炒め合わせ、水１００ml、顆粒鶏がらスープの素小さじ1/2、しょう油、みりん、塩、こしょう各少々を加えてほどよく煮、水溶き片栗粉少々でとろみをつけてごはんにかける。

もやしのカレー炒め

フライパンにサラダ油大さじ１を熱し、もやし1/2袋、塩、こしょう各少々、カレー粉小さじ１を加えて炒め合せる。

もやしスープ

鍋に市販のコンソメスープ１８０mlを沸かし、もやし1/4袋を加えてほどよく煮、塩、こしょうで味をととのえる。

もやしチヂミ

指定量の水で溶いたチヂミ粉１人分にもやし1/3袋を加えてよく混ぜ合わせ、ごま油適量を熱したフライパンで両面こんがり焼き上げる。酢じょう油やポン酢しょう油をつけて。

もやしサラダ

もやし1/4袋はゆでてざるにあげ、水けをきってボウルに入れて塩、こしょう各少々、マヨネーズ大さじ１、せん切りにしたスライスハム１枚を加えてあえる。

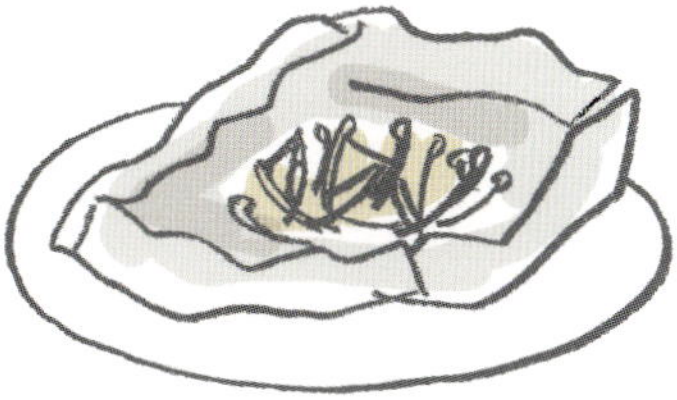

もやしのホイル焼き

アルミホイルにもやし1/4袋、おろしにんにく小さじ1/2、ごま油（またはバター）、塩、こしょう各少々をふり、包んでフライパンなどで焼き上げる。そのままでも、ポン酢しょう油などをつけても。

3 レシピ

日替わりトースト

主食になったりおやつになったり。いろんなトーストにチャレンジ！

シナモンシュガートースト

バタートーストに、グラニュー糖とシナモンパウダーをふりかけます。

ツナトースト

ツナとマヨネーズを混ぜ合わせ、塩、こしょうで味つけしたら、パンにのせてトーストします。

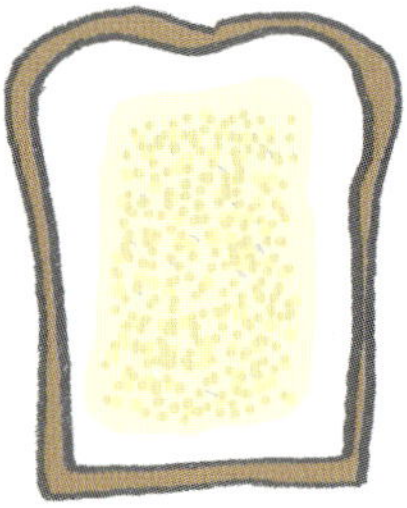

きなこ

バターを塗ったパンにきなこをたっぷりふりかけてトーストします。砂糖をプラスすればデザートにも。

ピーナッツバナナ

ピーナッツバターを塗ったパンにバナナをのせてトースト。シナモンパウダーをかけても美味。

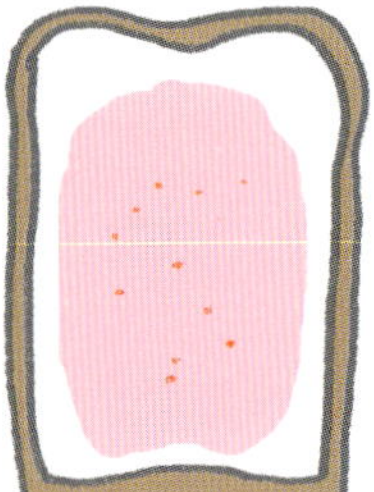

明太マヨ

明太子をほぐしてマヨネーズとあえたらパンに塗ってトーストします。

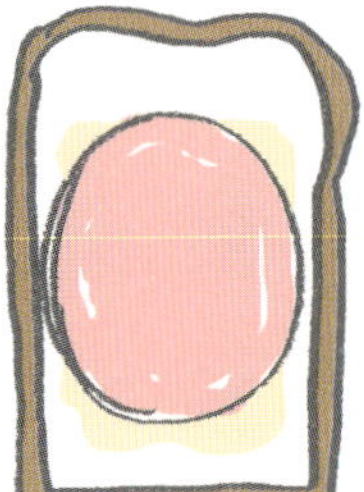

ハムマヨ

パンにマヨネーズを塗り、ハムをのせてトーストします。マスタードを添えてもおいしい！

コーンチーズマヨ

コーン、マヨネーズを混ぜてパンに塗り、その上にとろけるチーズをのせてトーストします。

練乳トースト

バタートーストに練乳をたっぷりかけて。フルーツをトッピングするのもおすすめです。

チョコトースト

割った板チョコをパンにのせてトーストします。チョコは削ったり、おろし器でおろすと口当たりがなめらかになります。

with　ピザソース

トマト＋モッツァレラチーズ＋バジル

パンにピザソースを塗り、具をのせてトーストすれば、マルゲリータピザ風の味を手軽に楽しめます。

ツナ＋コーン

パンにピザソースを塗り、ツナとコーンをのせてトーストします。ピーマンやパセリをプラスしてもよいでしょう。

玉ねぎ＋ウインナー

パンにピザソースを塗り、スライスした玉ねぎとウインナーをのせてトーストします。玉ねぎの甘みとトマトソースの酸味がよく合います。

贅沢気分になれるフレンチトースト

フレンチトーストとコーヒーのブランチなんてすてき。卵2個を溶いたボウルに、牛乳カップ1/4、砂糖大さじ1を入れて混ぜ合わせます。そこにバゲットなどパンを浸し、バターを溶かしたフライパンで両面をこんがりと焼けばできあがり。お好みで粉砂糖やはちみつをかけます。

目玉焼きとオムレツってなかなか難しいんです…。

目玉焼き

1.
熱したフライパンにサラダ油をひき、卵を中央に割り入れる。

3 レシピ

卵を食べたい

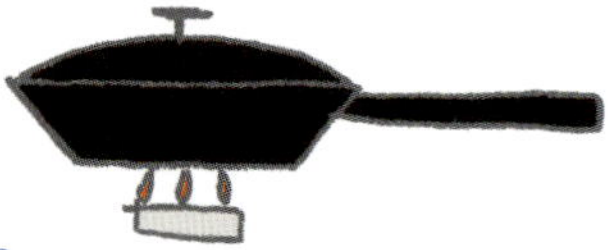

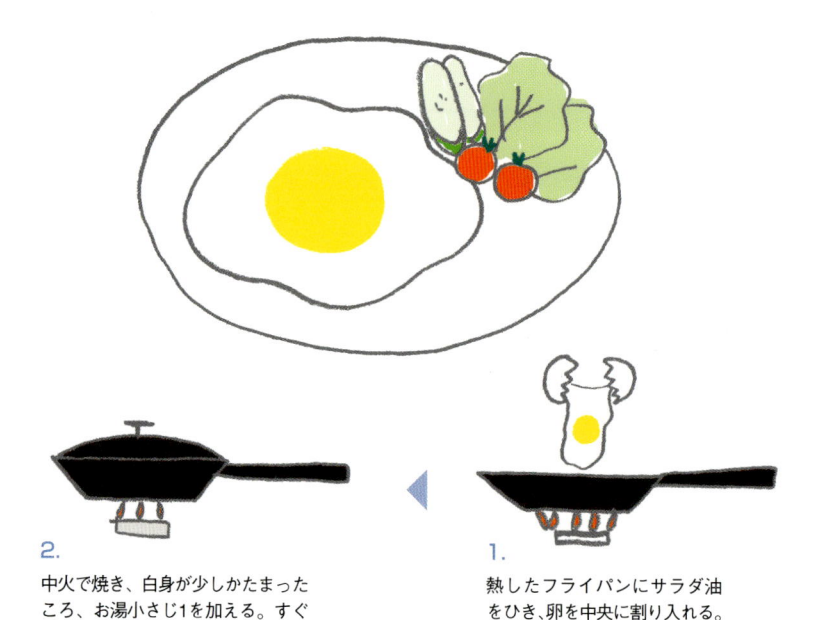

2.
中火で焼き、白身が少しかたまったころ、お湯小さじ1を加える。すぐにふたをして、好みのかたさになるまで蒸し焼きにする。

なにをかける？

しょう油

とろ〜りとした半熟黄身には、あっさりしょう油がぴったり。

マヨネーズ

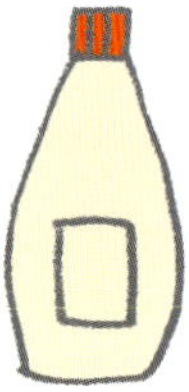

コクのある味わいはマヨラーならずともハマりそう！

塩・こしょう

シンプルな味つけが卵のおいしさを引き立てます。

ソース

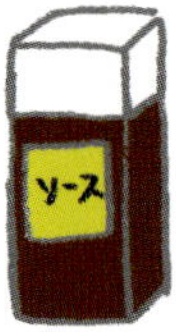

しっかりした味つけで、ご飯もどんどんすすみそう！

ケチャップ

甘酸っぱさが魅力。ハムエッグやベーコンエッグにもよく合います。

プレーンオムレツ

1.

卵2個を割りほぐしたら、牛乳大さじ1、塩、こしょう各少々を加えて混ぜ合わせる。

2.

バターを溶かしたフライパンに卵を流し入れたら、ゆっくりとかき混ぜながら火を通す。

3.

半熟になってきたらフライ返しを使って、少しずつ片側に寄せ、かたちを整え、器に盛る。

具を入れてみよう

ほうれん草

バターで軽く炒めたほうれん草を包んだオムレツは見た目もキレイ！

玉ねぎとひき肉

炒めた玉ねぎと、塩、こしょうをしたひき肉のうま味で、オムレツのおいしさも倍増。

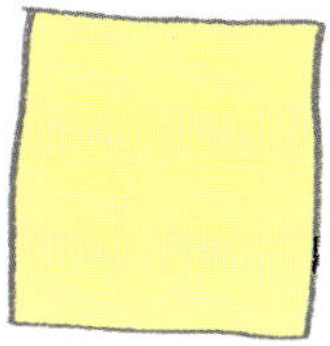

とろけるチーズ

チーズ＋ハム、チーズ＋トマトなどトッピングを増やせばよりゴージャスに。

3
レシピ

あっという間のスープ

すぐにできて栄養たっぷり。小腹満たしにも最適です。

コンソメスープを使ってポトフを作ろう

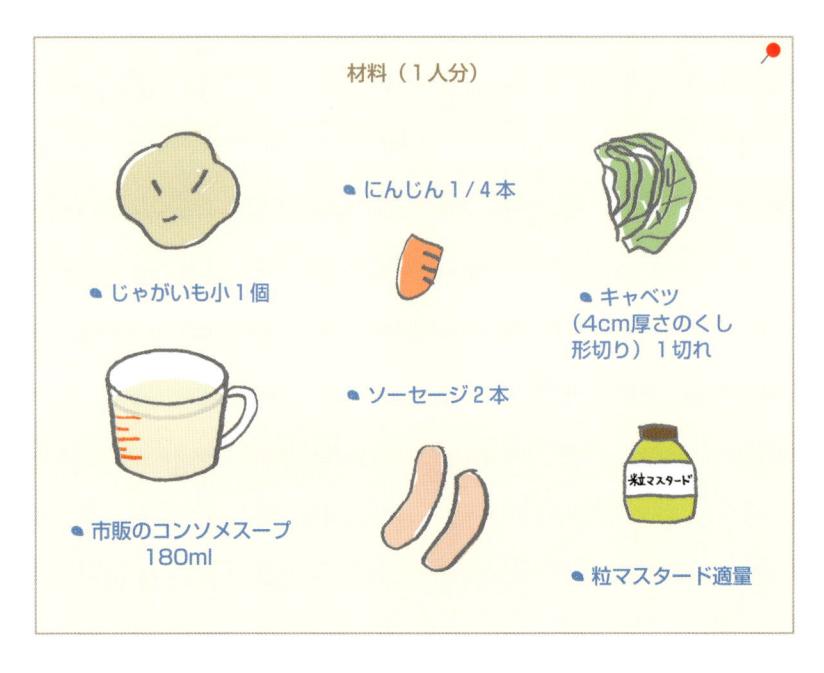

材料（1人分）

- じゃがいも小1個

- にんじん1/4本

- キャベツ（4cm厚さのくし形切り）1切れ

- 市販のコンソメスープ180ml

- ソーセージ2本

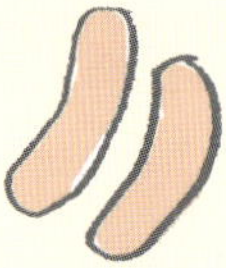

- 粒マスタード適量

作り方

1\.

じゃがいも、にんじんは皮をむいてひと口大に切り、耐熱皿に並べラップをかけて電子レンジで3～5分加熱する。

2\.

キャベツは芯を残して4㎝厚さのくし形に切り分けたものを、1切れ用意する。

3\.

鍋にコンソメスープをひと煮立ちさせ、じゃがいも、にんじん、キャベツ、ソーセージを加えてほどよく煮込む。粒マスタードをつけていただく。

市販の卵スープ

シャキッとレタススープ

器に市販の卵スープ１人前を作り、アツアツのうちにちぎったレタス1/2枚分を加えてさっと混ぜ合わせていただく。ごま油をたらしても。

めんつゆ

のり汁

器に焼きのり１枚をちぎって入れ、熱湯を器の７分目まで注ぎ入れ、めんつゆ（3倍希釈）適量で味をととのえるだけ。お好みでわさびを溶かし入れても。

鶏がらスープの素

韓国風わかめスープ

鍋に水カップ1、顆粒鶏がらスープの素小さじ１を加えてひと煮立ちさせ、乾燥わかめ、白炒りごま、ごま油各小さじ１を加えてほどよく煮込む。

コンソメスープの素

お好みでクラッカーやクルトンを散らしても。

コーンミルクスープ

マグカップに牛乳１５０ml、ホールコーン大さじ１、顆粒コンソメスープの素小さじ1/2、塩、こしょう各少々を混ぜ合わせ、ラップをして電子レンジで２分ほど加熱。

カレーオニオンスープ

鍋にサラダ油小さじ２を熱し、薄切りにした玉ねぎ1/4個分を炒め、しんなりしたら水カップ１、顆粒コンソメスープの素小さじ1/2、カレールウ少々を加えてほどよく煮込む。塩、こしょうで味をととのえる。

タバスコを加えてもおいしい。

ミネストローネ風

玉ねぎの薄切り1/4個、1㎝幅に切ったベーコン１枚分を熱したサラダ油で炒め、トマトジュース小１缶、水大さじ２、顆粒コンソメスープの素小さじ１を加えてほどよく煮込み、塩、こしょうで味をととのえる。

3 レシピ

今日は鍋大会

「週末は私の家で鍋しない?」このひと言にみんなが笑顔で集合!

鍋大会のポイント

土鍋とカセットコンロをそろえよう

鍋料理に使うことが多い土鍋は、やや大きめサイズを選ぶのが正解。テーブルで鍋を楽しむためにはカセットコンロも欠かせません。

材料を持ち寄って

野菜担当、豆腐＆しらたき＆油揚げ担当、おもち＆うどん担当、リッチな人は肉担当。みんなで持ち寄れば、あっという間に準備完了!

鍋奉行におまかせ

みんながあれこれ手を出すと、なぜかおいしくなくなる鍋料理。ひとりにまかせたら、残りの人たちは「おいし〜!」と鍋奉行をおだてましょう。

タレも薬味もいっぱいがいい!

タレや薬味をかえれば、ちがう味になるのが鍋のよいところ。ポン酢しょう油、ごまだれ、ねぎ、もみじおろしなど種類豊富に用意しましょう。

スープを最後まで楽しもう

だしのたっぷり詰まったスープを楽しむために、締めくくりはうどんか雑炊が基本。キムチ鍋にはラーメンもよく合います。

なに鍋にする？

豆乳鍋

同量程度の豆乳と水を合わせ、しょう油、和風だしの素などで味つけします。豚肉、にんじん、だいこん、しいたけ、水菜、豆腐などを入れます。

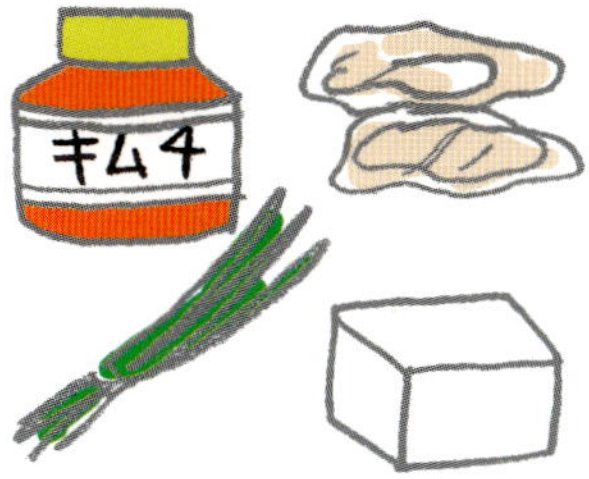

キムチ鍋

キムチと豚肉をごま油で炒めたら水を加え、みそ、コチュジャン、鶏がらスープの素などで味つけをします。豚肉のかわりに魚介類を入れてもよいでしょう。ニラやもやしはたっぷりと！

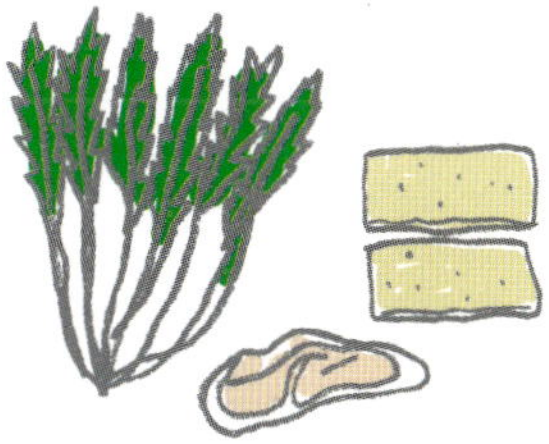

はりはり鍋

だし汁(P.52参照)にしょう油とみりんで味つけしたスープが一般的。シャキシャキした食感の水菜をメインに、豚肉、油揚げなどを入れます。

ちゃんこ鍋

スープは、だし汁(P.52参照)にしょう油、みそ、塩などで味つけします。根菜類やねぎで甘味を、つくね、油揚げなどでうま味を出しましょう。

お手軽鍋つゆを利用しよう

手早く作って友だちとのおしゃべりを楽しみたいなら、温めて具を入れればできあがりという市販の鍋つゆがおすすめ。水で薄める濃縮タイプ、そのまま使えるストレートタイプがあります。

3 レシピ

エスニック料理が食べたい

元気が出てくるスパイス料理
食欲がないときにこそおすすめ。

生春巻き

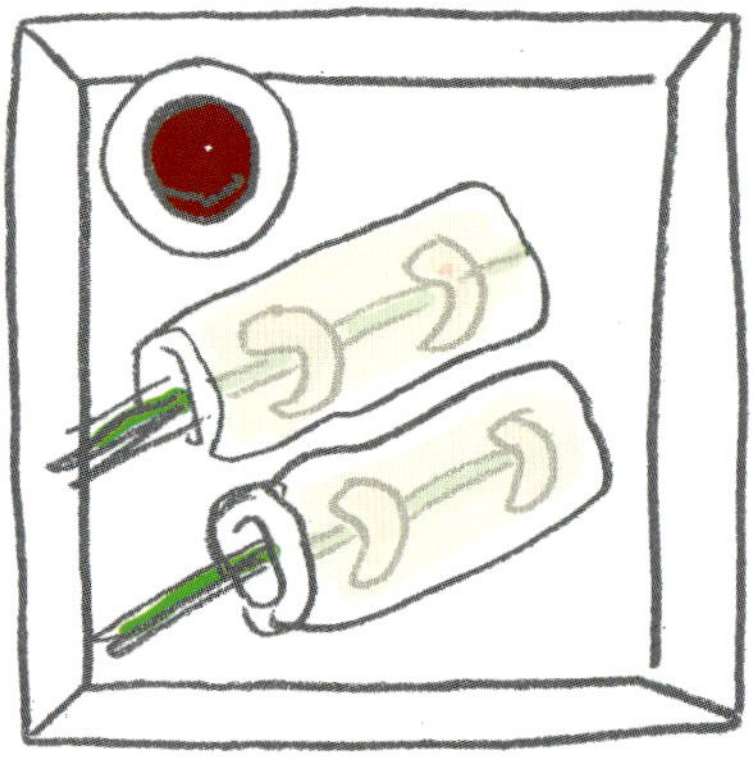

材料（１人分）

えび……２尾
春雨……少々
にら……２本
もやし……２０g
ライスペーパー……２枚
市販のチリソース……適量

作り方

1. えびは背わたを取り、ゆでて半分の厚さにそぎ、春雨は戻してざく切り、にらは半分に切る。もやしは水にさらしてざるにあげて水けをきる。
2. ライスペーパーは水にくぐらせてからかたく絞ったふきんの上に広げ、1のもやし、春雨をのせてライスペーパーの両端を折る。
3. 手前をひと巻きし、1のえびとにらをのせてきつく巻く。これを計２本作る。
4. 市販のチリソース適量をつけていただく。

ライスペーパーの包み方

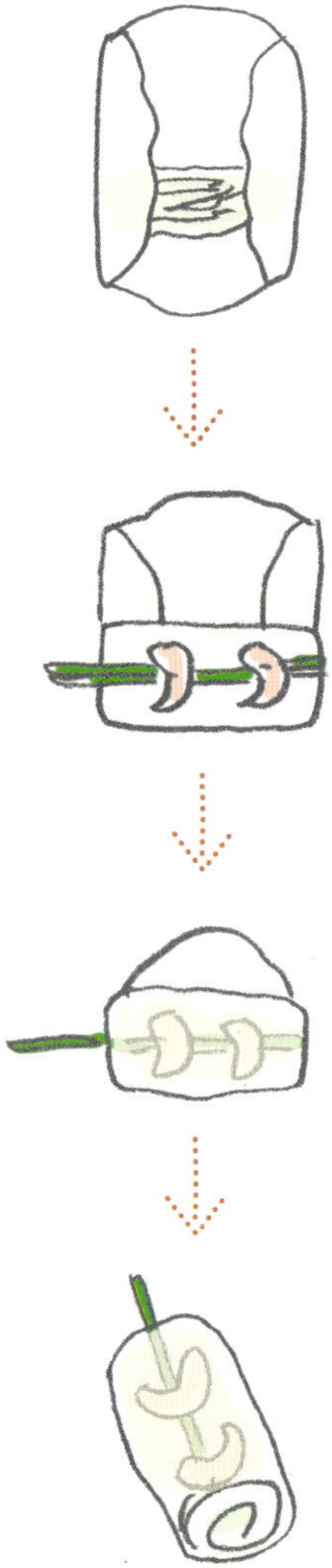

トムヤムクン

材料（1人分）

水……200ml
市販のトムヤムペースト
……1人前
有頭えび……2尾
プチトマト、マッシュルーム
……各2個
香菜……適量

作り方

1. 鍋に分量の水を沸かし、トムヤムペーストを溶かし入れる。
2. 背わたを取った有頭えび、半分に切ったプチトマトと石づきを取ったマッシュルームを1のスープに加えてほどよく煮込む。
3. 器に盛り、ざく切りにした香菜を散らす。

牛肉のフォー

材料（1人分）

固形コンソメスープの素(ビーフ風味)……1個
水……300ml　塩、こしょう……各少々
紫玉ねぎ……1/4個　もやし……少々
香菜……適量　牛しゃぶしゃぶ用肉……50g
フォー（乾）……70g
ナンプラー、レモン汁……各適宜

作り方

1. 鍋に固形コンソメスープの素(ビーフ風味)、分量の水を加えてひと煮立ちさせ、塩、こしょうで味をととのえる。
2. 紫玉ねぎは薄切り、もやしは洗ってざるにあげ、香菜はざく切りにする。牛しゃぶしゃぶ用肉はさっとゆでておく。
3. フォーはたっぷりの湯につけて戻してから、食べる直前にざるに入れて熱湯でゆで、器に盛る。
4. 3に2の具材をトッピングし、アツアツの1のスープをかけ、お好みでナンプラーやレモン汁をかけていただく。

ビビンバ

材料（1人分）

ほうれん草……1/4束
ごま油、塩、こしょう……各少々
にんじん……1/4本
豆もやし……ひとつかみ　サラダ油……少々
牛ひき肉……40g　市販の焼肉のタレ……適量
卵黄……1個分　温かいごはん……1膳分

作り方

1. ほうれん草はゆでてから4cm幅に切り、ごま油、塩、こしょうであえ、ナムルを作る。
2. せん切りにしたにんじん、豆もやしをそれぞれ食感が残る程度にゆで、ざるにあげてからごま油、塩、こしょうであえ、ナムルを作る。
3. フライパンにサラダ油を熱し、牛ひき肉をポロポロになるまで炒めてから、市販の焼肉のタレを加えて濃いめに調味する。
4. 器にごはんを盛り、ほうれん草、にんじん、豆もやしのナムル、牛そぼろを盛り合わせ、中央に卵黄をのせ、混ぜ合わせていただく。

3 レシピ

飲みものいろいろ

いろんなドリンクを作れたら
お茶の時間がもっと楽しくなります！

おいしいいれ方

コーヒー

1. フィルターをドリッパーにセットしたら、人数分の粉を平らに入れます。
2. 沸騰したお湯を、粉に含ませる程度少量注いで30秒待ちます。
3. 粉の中心から、のの字を書くようにお湯を注ぎます。注ぎ終えたら、お湯がすべて落ちるまでゆっくり待ちましょう。

煎茶

1. 湯飲みに熱湯を注ぎ、器を温めつつ、お湯を冷まします。
2. 湯飲みが温まったら、湯飲みのお湯を茶葉の入った急須に注ぎ、30秒〜1分蒸らします。
3. 湯飲みに注ぎます。2杯以上いれるときは同じ濃さになるよう交互に湯飲みにいれましょう。

中国茶

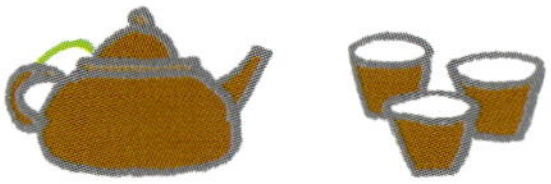

1. 急須と湯飲みに熱湯を注いで温めます。
2. 急須のお湯を捨てて、茶葉を入れたら熱湯を注いで1〜2分蒸らします。プーアール茶は葉を洗うために、最初のお湯は捨てましょう。
3. 湯飲みのお湯を捨てて、お茶をいれます。2杯以上なら同じ濃さになるよう湯飲みに交互にいれましょう。

紅茶

1. カップにお湯を注いで温めます。
2. カップのお湯を捨て、新たに熱湯を注いでティーバッグを入れます。
3. ふたをして、1分間蒸らしましょう。

ミントティー

耐熱性のコップに水と生のペパーミントを入れてラップをし、電子レンジで加熱するだけ。レモンやはちみつを加えるのもおすすめ。

ホットチョコレート

温めた牛乳に細かくくだいた板チョコを入れて溶かします。インスタントコーヒーを少量加えると大人の味に。

ラッシー

同量のヨーグルトと牛乳を混ぜ合わせ、はちみつを加えます。冷やすとよりおいしくなります。

ハニージンジャー

すりおろしたしょうが1/2かけ分とはちみつ小さじ1を入れたカップにお湯を注ぎます。体が芯から温まる冬にうれしいドリンクです。

タピオカミルクティー

砂糖少々を溶かしたお湯でタピオカをゆでます。タピオカを入れたグラスにミルクティーを注げばできあがり。

自家製梅酒の作り方

1. 青梅500gを水でよく洗い、竹串などでヘタを取ります。水けをよくふいたら、熱湯消毒した密閉ビンの底に並べましょう。

2. 青梅の上に氷砂糖500gをのせ、ホワイトリカー800mlを注ぎ入れます。

3. ビンを閉めて、新聞紙で包んで保存します。2～3か月くらいであっさりした味わいに、1年もたてば濃厚な極上梅酒になります。

3 レシピ

手作りドレッシング

サラダには欠かせないドレッシング。実はとても簡単に作れます。

フレンチドレッシング

ボウルに酢小さじ１、サラダ油小さじ２、塩、こしょう各少々を混ぜ合わせるだけで基本のフレンチドレッシングに。お好みの香辛料や粉チーズを加えればバリエーションが広がる！

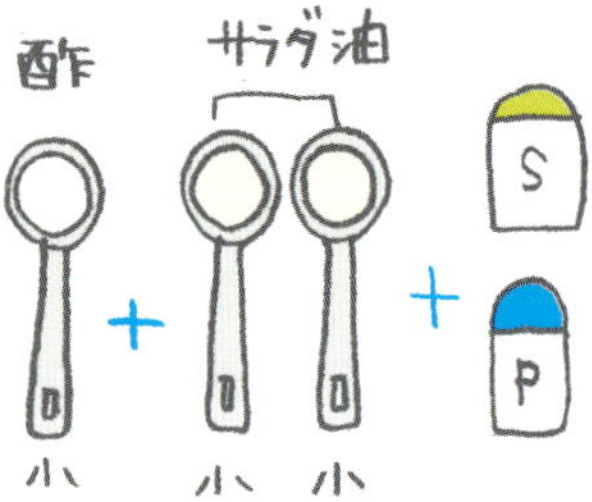

和風ドレッシング

めんつゆ（３倍希釈）小さじ２に酢小さじ１、サラダ油小さじ２を混ぜ合わせる。基本のフレンチドレッシングに砂糖、しょう油各少々を加えても和風ドレッシングに。

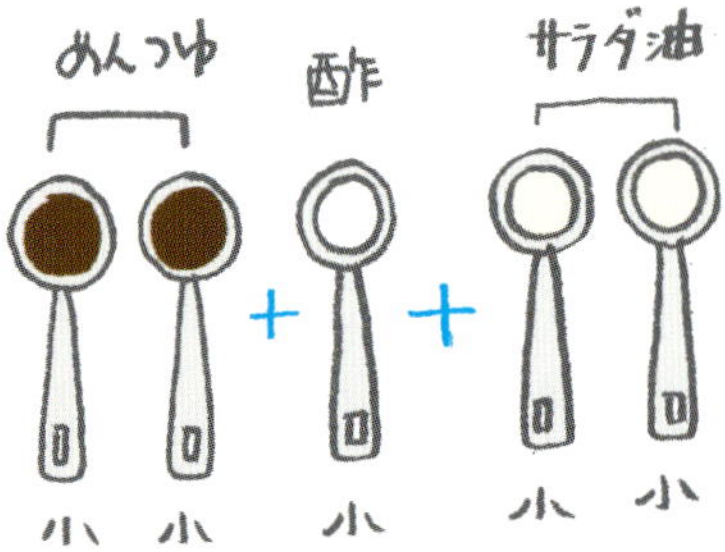

中華ドレッシング

ごま油大さじ１、酢、しょう油各小さじ１、塩、こしょう、砂糖各少々を混ぜ合わせます。ラー油を加えればピリ辛風味に。

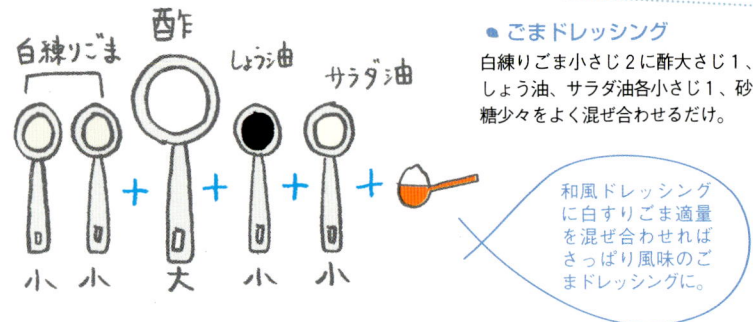

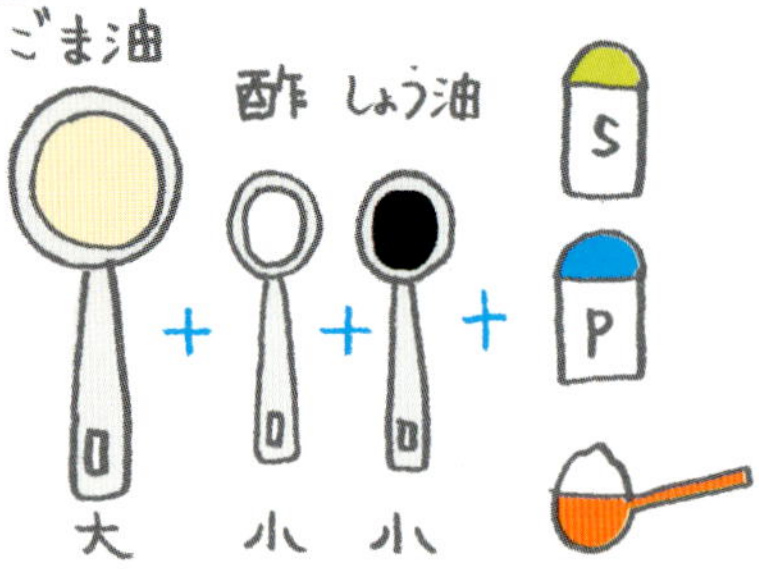

ごまドレッシング

白練りごま小さじ２に酢大さじ１、しょう油、サラダ油各小さじ１、砂糖少々をよく混ぜ合わせるだけ。

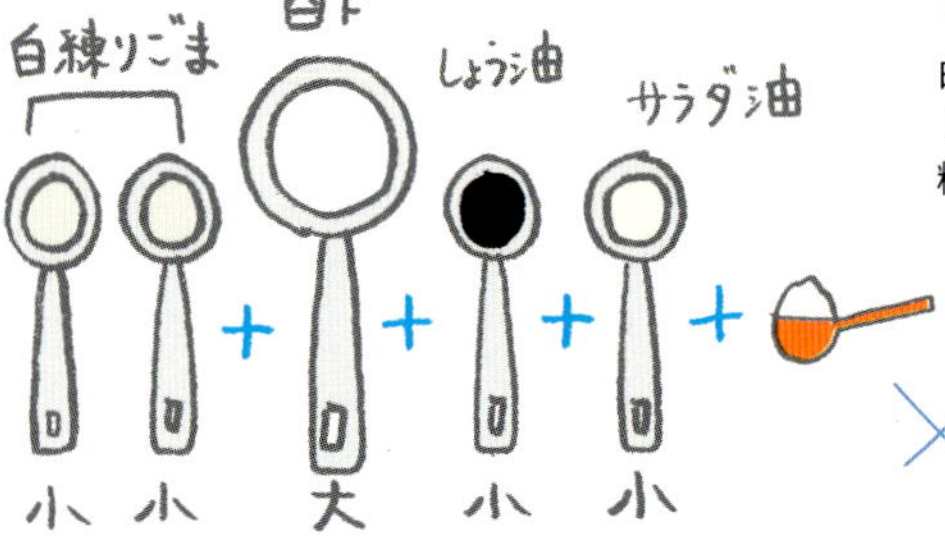

和風ドレッシングに白すりごま適量を混ぜ合わせればさっぱり風味のごまドレッシングに。

※分量はだいたい1食分です。

4

片づけ

4 片づけ

食器を洗う

おいしく食べたら後片づけ！
洗い方にもルールがあります。

食器洗いの手順

STEP1.
汚れの種類別に
食器を分ける

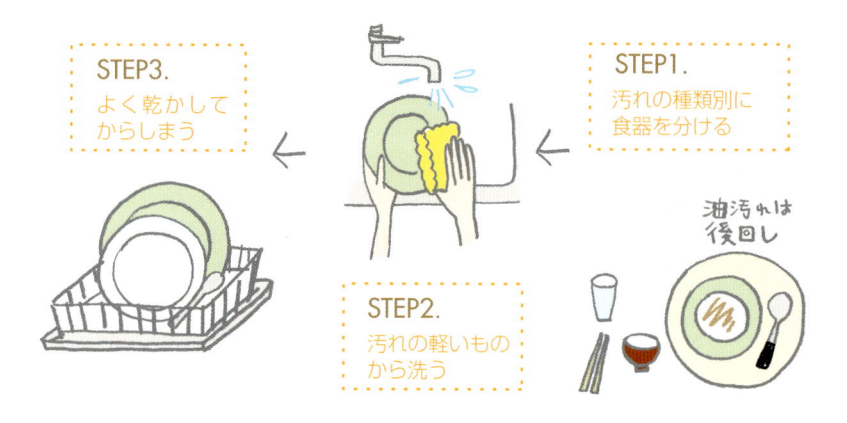

STEP2.
汚れの軽いもの
から洗う

STEP3.
よく乾かして
からしまう

汚れの種類と洗い方

牛乳・卵の汚れ

牛乳や卵といったたんぱく質を含む汚れは、お湯で洗うとこびりつきやすくなります。水で洗いましょう。

油汚れ

水と混ざりにくい油の汚れは、お湯洗いが基本。ペーパータオルや適当な大きさに切った新聞で汚れをふき取ってから洗うとベトベトが残らず水の節約にも。

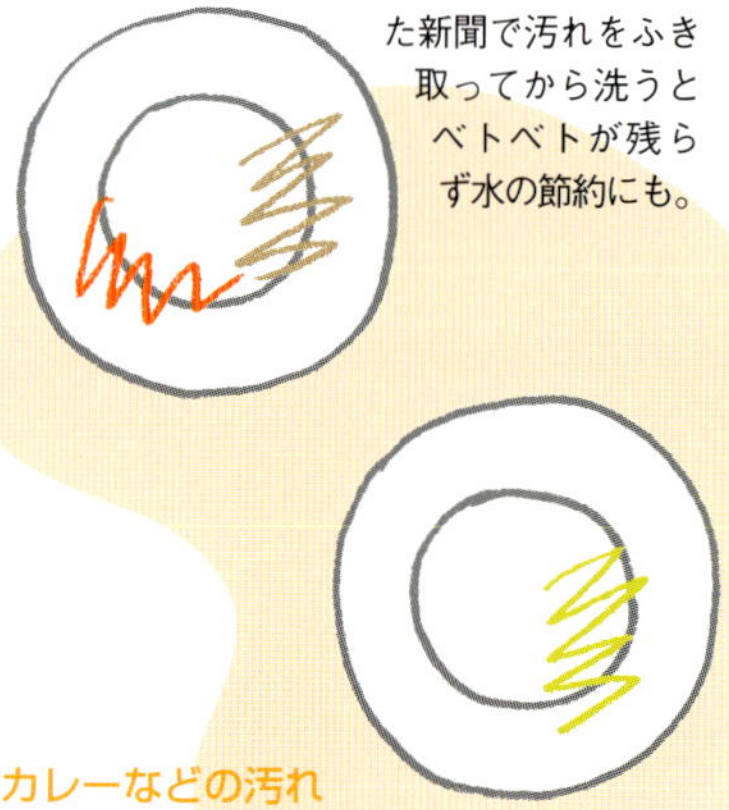

カレーなどの汚れ

食器に色がついてしまうためスピードが肝心。ルーやソースをふき取ってから、お湯で洗いましょう。

洗いおけで節約上手

水をはった洗いおけに食器をつけておけば、食器洗いに使う水の量を節約できます。油で汚れた食器を入れるとほかの食器もギトギトになるため、油分はあらかじめふき取っておきましょう。

アイテム別の洗い方

磁器

洗剤とスポンジでていねいに洗い、汚れが気になるときは指定の濃度に薄めた漂白剤でつけ置き洗いします。金縁などがついている部分は強くこすらないように注意！

ガラス

底にスポンジが届かないものは、くだいた卵の殻と、ごく少量の洗剤を入れてシェイクするときれいになります。自然乾燥させるとガラスがくもるため、すぐにふきましょう。

スプーン・フォーク

洗剤で洗っていても、使っているうちにつやがなくなるもの。アルミホイルをしいたトレーにスプーンやフォークを並べて重曹をかけ、熱湯を注いで一晩おけば新品同様に！

調理道具を洗う

まな板

においや汚れが気になったら徹底除菌。指定の濃度に薄めた漂白剤をまな板に塗り、ラップでぴっちり包んで30分パックして、水で洗い流せばOKです。

ざる

水をはったボウルに入れて、ゆするように洗うとカスが浮き上がります。さらに、たわしやブラシを使って目詰まりを防ぎましょう。

おろし金

古歯ブラシなどで繊維のカスを落とします。ステンレス製のおろし金が変色したら、指定の濃度に薄めた漂白剤に30分くらいつけておくとピカピカに。

陶器

陶器は水に浸したままにしておくとカビやシミの原因になるため、つけ置き洗いには向きません。汚れが気になる部分は塩をつけてこするときれいに落ちます。

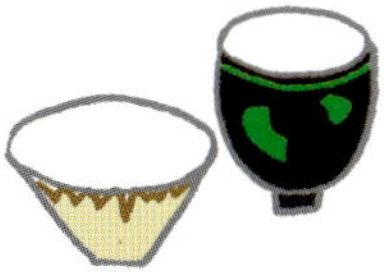

漆器

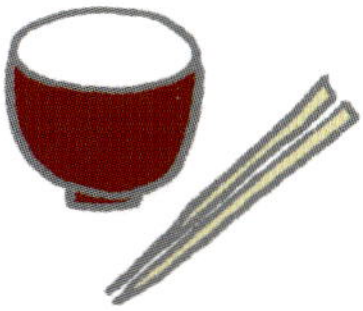

スポンジでゴシゴシ洗うと、表面に細かい傷ができてしまいます。薄めた洗剤を使い、やわらかいガーゼか手でやさしく洗いましょう。

4 片づけ

洗剤とスポンジ

種類豊富な洗剤&スポンジの特色や得意分野をチェック！

洗剤いろいろ

洗剤

もっともよく出回っている中性タイプの洗剤。ひとり暮らしのキッチンにぴったりのミニサイズも充実しています。

エコ洗剤

天然の原料を使ったエコ洗剤は手肌にも環境にもやさしい！　泡立ちが少ないタイプなら、すすぎに使う水も節約できます。

クレンザー

クレンザーに含まれる研磨剤の粒子が焦げつきやサビを落とします。クリームタイプと粉末タイプがあります。

除菌スプレー

まな板、ざるなどの調理器具や、三角コーナー、水切りカゴにシュッとかければ、簡単に除菌することができます。

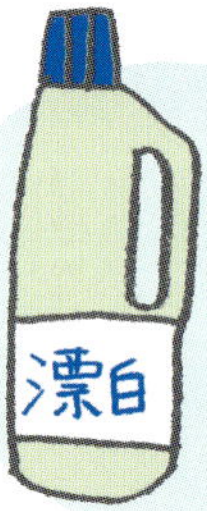

漂白剤

食器の茶しぶや黄ばみを落としたり、ふきん、まな板の漂白、除菌に使います。そのほか、冷蔵庫の掃除などにも。

重曹

鍋の焦げつきや、魚焼きグリルの油汚れ、排水口のにおい、包丁の黒ずみなど、すべてに対応する万能アイテムです。

スポンジいろいろ

たわし

やわらかいスポンジでは落ちない頑固な汚れを落とすときに。ヤシの繊維を使った亀の子だわしのほか、ナイロンやヘチマ製のたわしもあります。

スポンジ

食器やシンクを洗うときに。古くなってきたらガス台や換気扇の掃除に利用してから捨てるとよいでしょう。

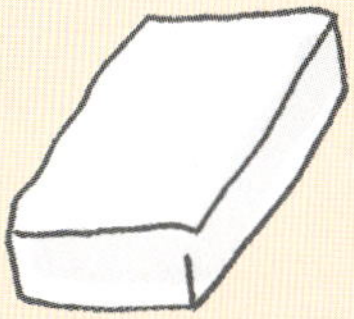

メラミンスポンジ

科学樹脂でできたメラミンスポンジは洗剤を使わずに汚れを落とすことができます。茶しぶや調理台の輪ジミがあっさり落ちるだけでなく、シンクを磨けば気持ちよいくらいピカピカに。

スチールウール

スチール製の使い捨てたわしです。スチールの研磨力で焦げつきやサビを落とします。洗剤のついたタイプも。

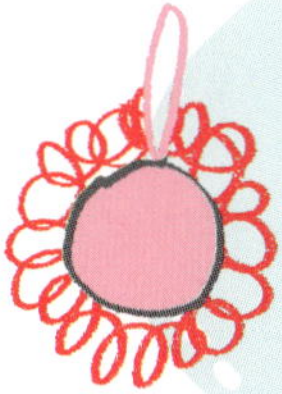

アクリルたわし

アクリルの毛糸で編んだたわし。ミクロの繊維が汚れをかき出し、洗剤を使わなくても洗いものができます。自分で作ってもよいでしょう。

ブラシ

ざるや排水口のゴミ受けの部分など目詰まりしやすいものを洗うときに。とくに細かい部分を洗うときのために、古歯ブラシを取っておくと便利です。

4 片づけ

キッチン道具をしまう

見つからない、取り出しにくい！
そんなときは収納場所を改善。

キッチン道具を役割別に分けてみる

火にかけるもの

鍋、フライパンなど。長い柄や取っ手がついていたり、サイズがいろいろだったりと、広めの収納スペースが必要です。

こまごましたもの

包丁、計量スプーン、ピーラー、フライ返しなど、調理中にちょこちょこと必要になるキッチンツールは同じ場所に収納し、さっと取り出せるようにしましょう。

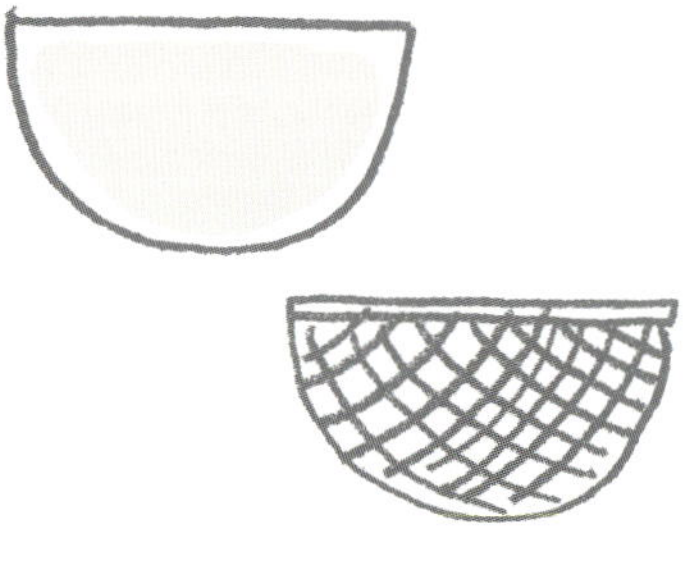

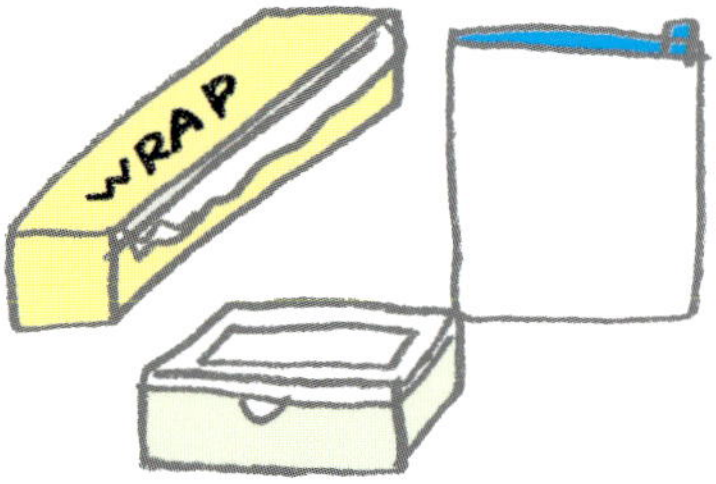

水まわりで使うもの

ボウル、ざるなど。大小をそろえている場合は入れ子のように重ねてコンパクトに。

保存するもの

ラップ類、フリージングパック、密閉容器など、余った食材の保存に使うものをひとまとめに。

それぞれまとめてしまう

吊り戸棚

密閉容器やラップ類など、よく使うものは、取り出しやすいように下の段に。上の段には、お菓子作りの道具やカセットコンロなど、やや出番の少ないものを。

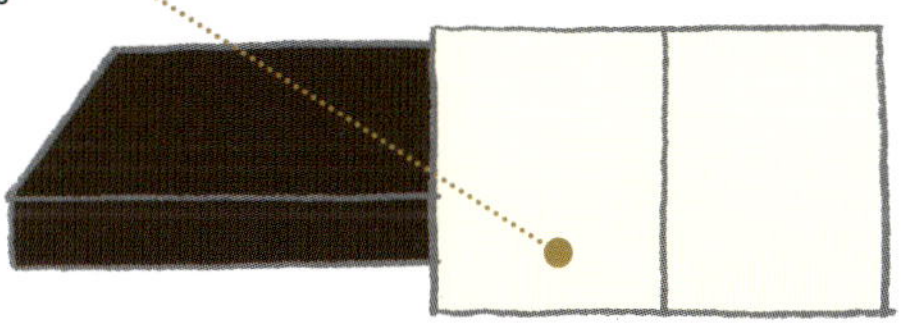

引き出し

キッチンツールはまとめて引き出しに。かたちがそれぞれちがうため、トレーで分けるよりポンポン投げ込み方式にするのがおすすめ。

コンロ下

鍋やフライパンはコンロの下に。重いものを下に置きましょう。油や調味料など、味つけに使うものもここに収納すると便利です。

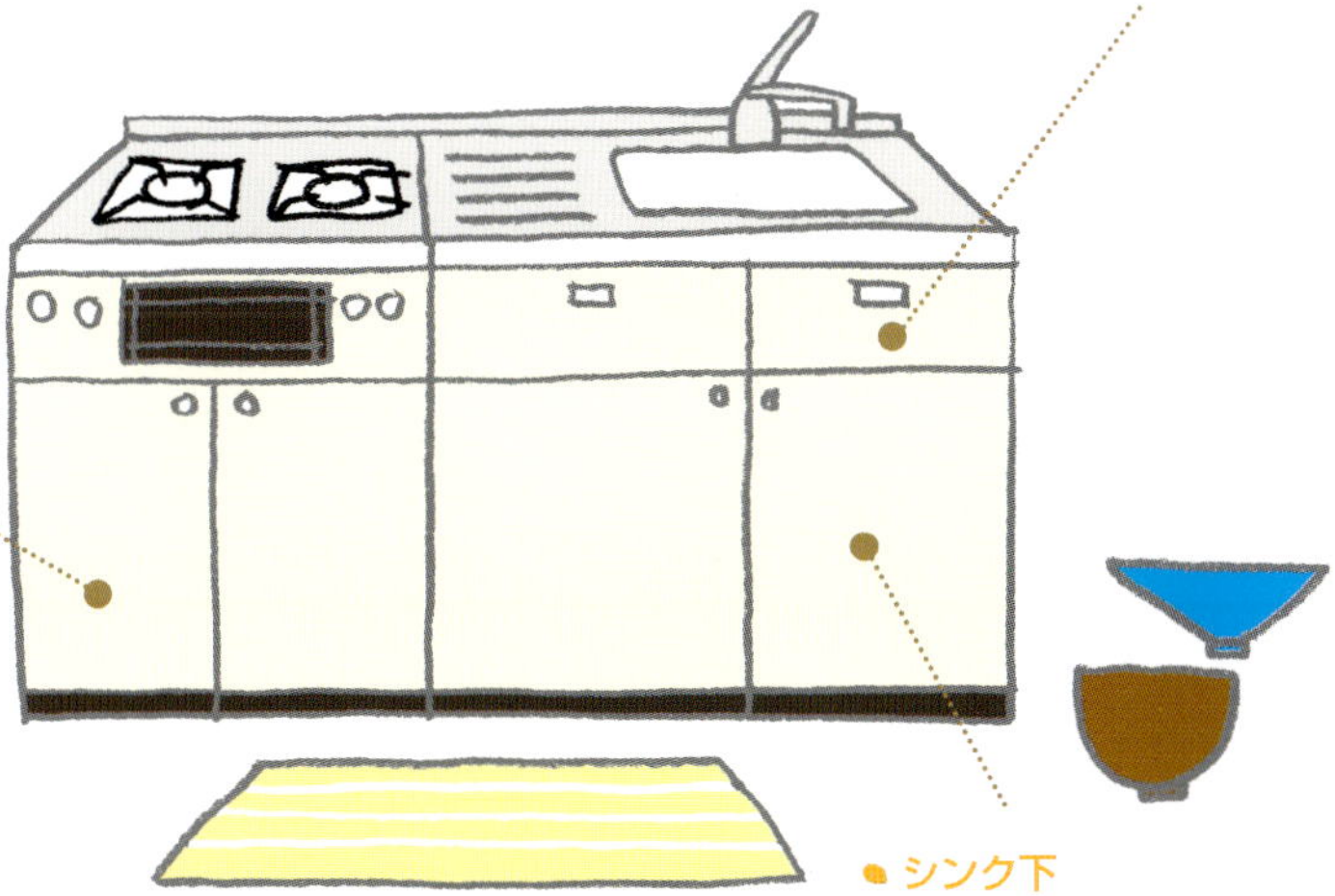

シンク下

やかん、ボウル、ざるなどを。あいたスペースには食器や常温保存できる乾物の食品を入れてもよいでしょう。

フライパンをインテリアに

洋食屋さんのキッチンのようにフライパンを壁に吊り下げてもおしゃれ。フライパンのお手入れにも気合いが入ります。

4 片づけ

食器をしまう

せっかく集めたお気に入りの食器をガッチャーン！と割らないために。

どこにしまう？

吊り戸棚

吊り戸棚の上の段では、しまうのも出すのも大変。手探りしているうちに、お皿が落ちてきた！ということにも。

シンク下

棚に高さがあっても食器をいっぱいに積み上げては不安定になります。コの字ラックなどを利用しましょう。ラックの上には軽めの食器を。

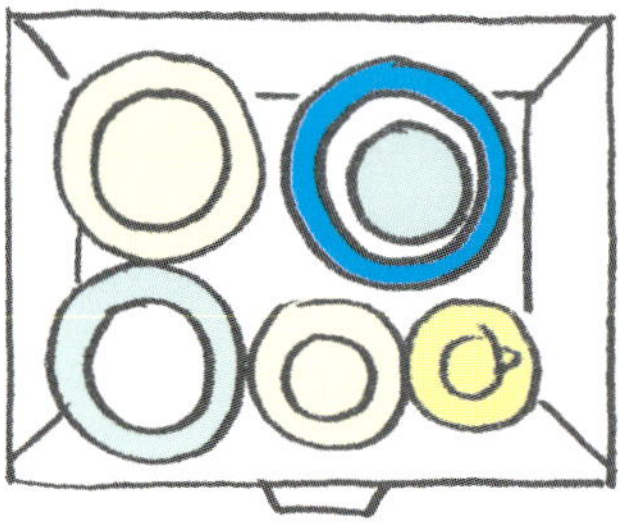

引き出し

どこになにがあるかがひと目でわかります。箸やカトラリーを入れたカゴをいっしょに収納してもよいでしょう。

しまい方アイデア集

「見せる収納」にする

お気に入りの食器を棚に並べましょう。絵柄の見えるカップ、木製食器などはとくにすてきなインテリアに。

小皿はトレーに

重ねるとグラグラしやすい小皿はまとめてトレーに入れると安定します。トレーを引き出して取り出せるのも便利。

入る分しか持たない

あれこれ食器を買ってもスペースを増やすことはできません。「ここに入る分だけ」と決めて、食器を上手に使いまわしましょう。

「後高前低」で

重ねた食器を棚の前後に収納するときは、手前が低く奥が高くなるようにしましょう。奥の食器がよく見えるだけでなく、取り出しやすくなります。

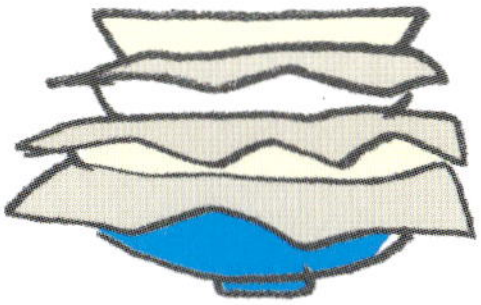

布をはさんで食器を重ねる

とくに絵皿や金縁のお皿などは、こすれると絵や金の部分がはがれ落ちてしまいます。ふきんなどをはさんで重ねましょう。

似たかたちの食器は重ねる

小鉢同士、平皿同士、深皿同士など似たかたちのものはピタリと重なって安定します。

4 片づけ

冷蔵庫と冷凍庫

「冷蔵庫からビール出すよ！」
友だちが冷蔵庫を開けても大丈夫？

● 卵

丸い底は空気の層があり雑菌が繁殖しやすい部分。黄身が触れないよう、とがっているほうを下にして入れましょう。

● 調味料

調理中にさっと取り出せるよう、調味料類は扉に。

入れすぎ注意！

冷蔵庫にものを詰め込みすぎると、冷却力が大きくダウンします。めやすとしてスペースの6〜7割に抑えましょう。

冷凍食品

冷凍食品は箱入りだったり、同じサイズのものが多かったりと収納も簡単。キレイに重ねてスペースを節約しましょう。

セット収納

ジャム、バター、ヨーグルトなど「朝食セット」はまとめてトレーに。

古いものほど前に

新しく買ったものは奥、古いものほど目につきやすい前に出して、食べ忘れを防止。

スペースを確保！

おかずを鍋ごと保存したり、ボウルに入れたサラダを冷やしたりするときのためのスペースを作っておきましょう。

葉もの野菜は立てて

水菜、ほうれん草、小松菜といった葉もの野菜は鮮度を保つために立てて保存します。

かわいいキッチンの作り方

ナチュラル、アジア風、ラブリー。
あなたの目指すキッチンは?

Natural

使いやすさにこだわるなら

オーソドックスなシンプルキッチンは清潔感があり、使いやすいのが魅力です。収納棚を腰の高さと同じくらいのものにすれば、ミニ調理台として使うこともできます。またキャスターがついていれば床を掃除するときも簡単です。シンプルなレイアウトは飽きがこない反面、物足りなさを感じることもありますが、床マットをかえたり、模様のついた油よけシートを壁にはったりすると新鮮な印象になります。

Asian

開放感とあたたかみが伝わる

タイやインドネシア、韓国などの家具や小物をレイアウト。涼しげな開放感と素朴なあたたかみがあり、キッチンに立つのが楽しくなりそうです。また、比較的リーズナブルなものがそろっているというメリットも。カゴは通気性もよく、リネン類や常温保存の野菜を入れてもよいでしょう。中身が見えて気になるようなら、アジアンテイストの布で覆ってしまうのもおすすめ。

Lovely

お菓子の甘い香りが似合うキッチン

ガーリーなキッチンは、アイテムひとつひとつに存在感があるため、あれもこれもと欲張るとゴチャゴチャした印象になってしまうことも。すっきりしたレイアウトを心がけましょう。食器が見える収納棚は、小さめサイズをセレクト。入りきらないものは吊り戸棚やシンク下などにしまったほうが、家具や食器が引き立ちます。収納スペースが足りない場合は、突っ張り棒などを使ってバスケットを吊るしてもよいでしょう。

せまいキッチンでがんばる

コンロが1口でもシンクが小さくても工夫次第で効率よく調理できます。

コンロが1口

カセットコンロを使う

鍋料理のときだけ使っていたカセットコンロを毎日の調理に。火力もあり、炒めものにも十分対応できます。

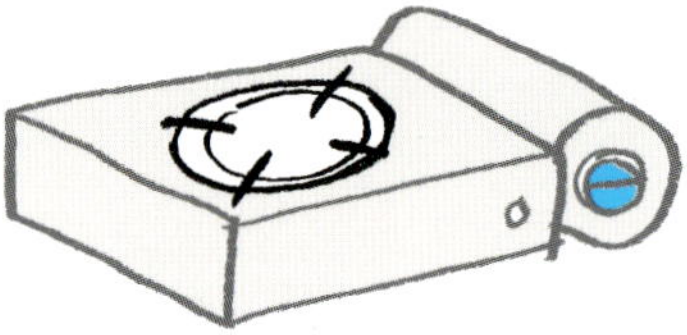

電子レンジをフル活用

野菜の下ゆでは電子レンジで。ラップをかけて野菜や鶏肉を蒸したり、ペーパータオルの上にベーコンを並べてカリカリベーコンを作ることもできます。

ひとつのフライパンで同時調理

野菜を炒めながら、魚やきのこをホイル焼きにすれば、ひとつのフライパンで同時に2つの料理を作ることができます。

ポットにお湯を常備

鍋に水を入れて沸騰するまで待つこと5分…。そんな時間を大幅にカット！ 調理前にはお湯をたっぷり沸かしておきましょう。

シンクが小さい

三角コーナーをなくす

生ゴミが出るたびに新聞紙にくるんで捨てれば三角コーナーは不要。においに悩まされることもなく、すっきり快適！

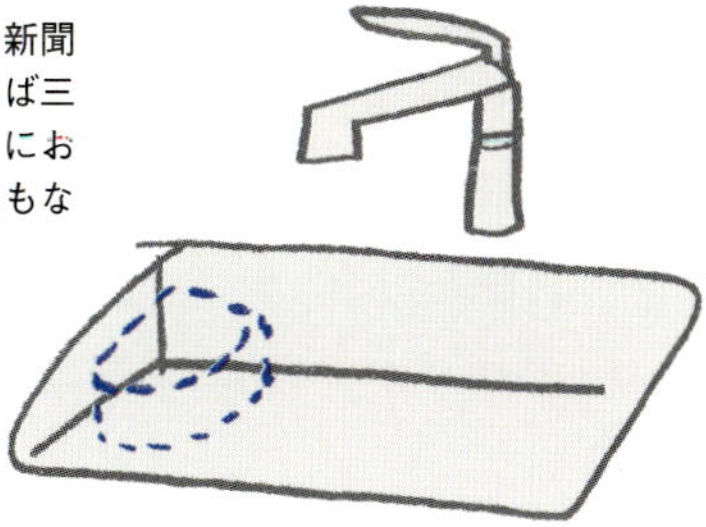

こまめに洗う

食器や鍋でいっぱいのシンクは使いづらいもの。調理しながら、使った鍋や調理道具をどんどん洗ってしまいましょう。

洗いものを減らす

カフェのプレートごはん風に、大きめのプレートにメニュー全部を盛りつけてしまえば、洗いものも少なくなります。

せまいキッチンのよいところ

なんといっても掃除がラク！手入れが行き届いた清潔感のある台所で気持ちよく調理することができます。

調理台が小さい

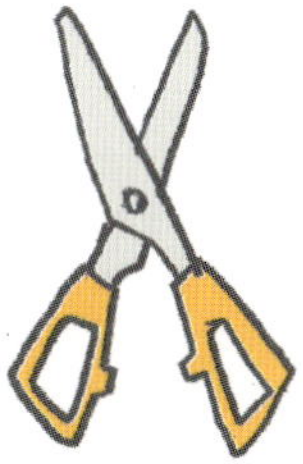

カット野菜を使う

冷凍野菜やサラダ用の生野菜には、カットされた状態で販売されているものもあります。これならまな板いらず！

キッチンばさみを使う

まな板を出さず、キッチンばさみで食材を切ります。パセリをみじん切りにしたり、葉ものをザクザク切る程度ならキッチンばさみで十分。

生ゴミの処理

外から帰ってくるとプ～ンとにおうあの生ゴミのにおいを根本解決！

処理の方法

生ゴミ処理のポイント

生ゴミは多くの水分を含んでいるせいで、雑菌が繁殖し悪臭を放ちます。においとの戦いは水分との戦いでもあるのです。

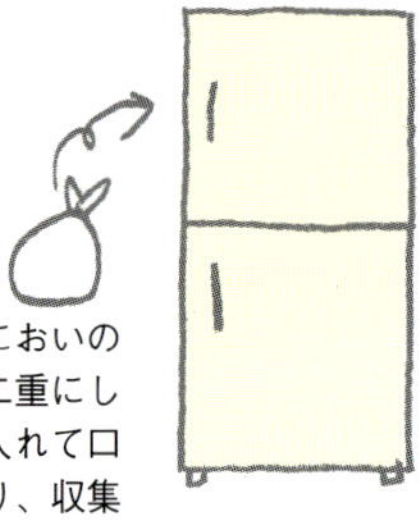

凍らせる

魚の内臓など、においのきつい生ゴミは二重にしたビニール袋に入れて口をしっかりしばり、収集日まで冷凍庫に入れておきましょう。

乾燥させる

野菜やくだものの皮などは新聞紙の上に広げて乾燥させるとにおわなくなります。外に干すときは猫やカラスに荒らされないようにネットをかけましょう。

捨てるときは

ボタボタ水をたらしたままごみ袋にポイ、というのは最悪パターン。まず水けをしっかり切り、新聞紙にくるんでからごみ袋へ。口はしっかりしばりましょう。

生ゴミのにおいを抑える

生ゴミのにおいを抑える３つのアイテムをご紹介。キッチンに常備しておきましょう。

消臭スプレー

シューッとかければにおい解消。除菌効果があるタイプも。

新聞紙

水分をしっかり吸い取ってくれる新聞紙にゴミを包みましょう。

重曹

排水口や三角コーナーに小さじ1杯程度かけるだけでにおいを吸着。

カラス・ノラ猫に気をつけて！

カラスや猫が収集所を荒らし、袋をやぶってごみを引きずり出す被害が増えています。自分の不注意で近隣の人に迷惑をかけないよう、カラス・ノラ猫対策を立てましょう。

対策

ごみ出しの時間を守るのは基本中の基本。ごみ袋の口はしっかりしばり、においやごみがもれないようにします。防御ネットがある場合は必ずかけましょう。

生ゴミを減らす工夫

買いもの前

冷蔵庫をチェックして必要なものだけを買うようにします。定期的に在庫一掃の日を作り、残りものを整理しましょう。

買いもの中

たとえ安売りでも食べきれない量を買えば、悩みのタネになるだけ。ひとり分の少量サイズのほうが結局お得なのです。

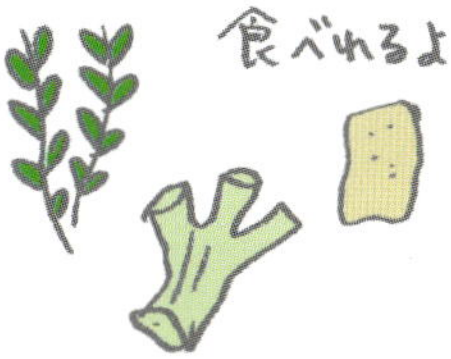

料理中

だいこんの葉、ブロッコリーの茎などは、炒めたりゆでたりして食べられます。食べられるものはお腹に入れる工夫を。

食べきれないときは

ラップや保存容器に移して冷蔵庫に。同じメニューでは飽きてしまうので、アレンジを加えながら完食を目指しましょう。

毎日3分の小掃除

ため込むと大変なものといえば夏休みの宿題とキッチン掃除…。

シンクまわり

食器洗いのついでに

食器を洗いながらシンクのプチ掃除も同時進行。この「ついで感覚」が長続きのコツです。

シンク汚れをピカピカに

スポンジに洗剤をつけて、さっとひと磨き。ぬめりや食べもののカスを洗い流したら、水けが残らないよう乾いた台ふきんでふき取ります。

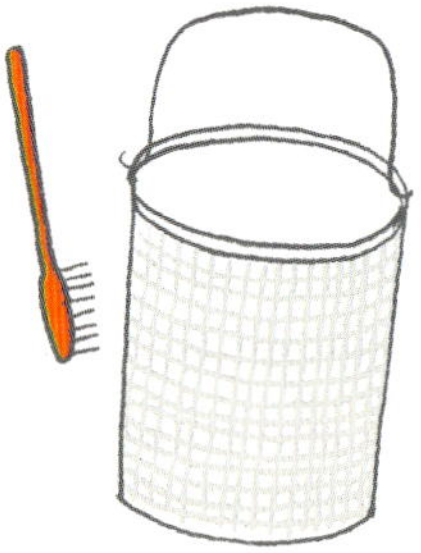

排水口もさっぱり

排水口のゴミ受けの部分を取り外し、古歯ブラシでゴシゴシこすりましょう。

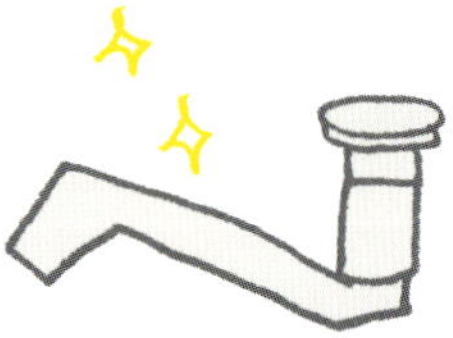

蛇口もお忘れなく

スポンジ、メラミンスポンジなどで、キュキュッと磨けばたちまちピカピカに。水けをふき取ることもお忘れなく。

これなら
毎日 続けられそう

ガス台まわり

料理のあとで一気に

料理が終わったすぐあとに、3分だけ時間を作ります。お腹もすいているので、スピーディに終わらせましょう。

まずはガス台まわり

ガス台のまわりがまだあたたかいうちに、台ふきんでお湯ぶき。

壁もお忘れなく

壁にもとんでいる油や調味料の汚れも放っておくとこびりつきます。台ふきんでしっかりお湯ぶきしましょう。

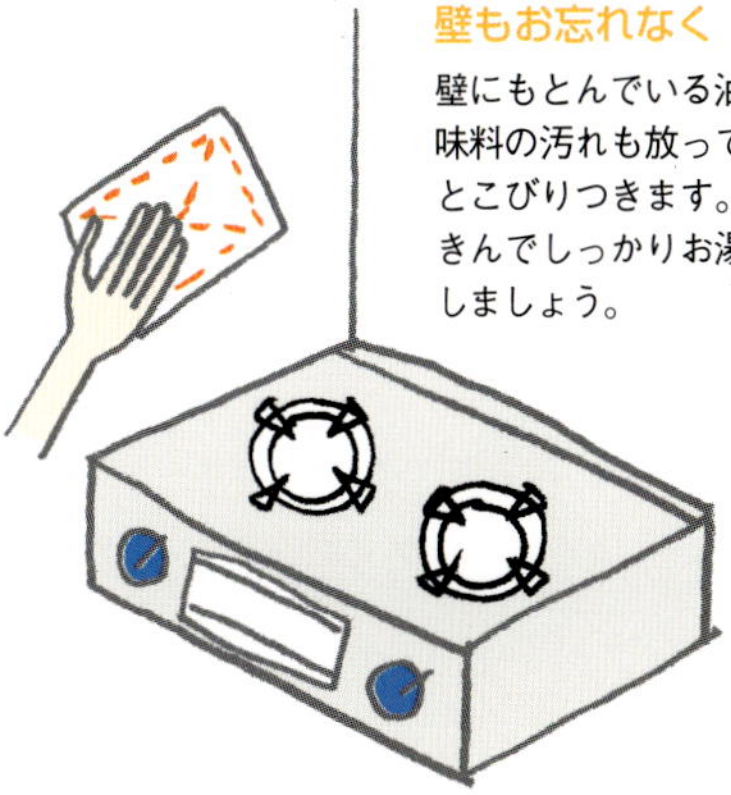

こんなところにもとんでます

調理台にも油や調味料の汚れがとんでいるもの。こちらも台ふきんでお湯ぶきします。

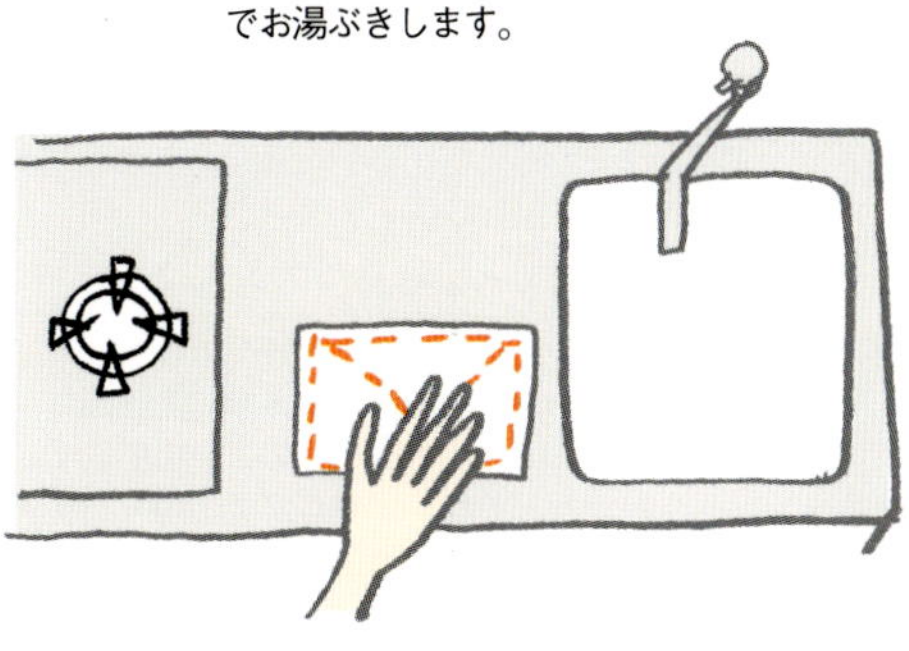

4 片づけ

G《ごきぶり》対策

コイツとだけは暮らせない。G君にバイバイする方法とは?

ごきぶりのでやすいところと対策

シンク

水けは大敵! 後片づけの最後には必ず水滴をふき取ります。また、油はごきぶりの大好物。油のボトルの液だれにも注意しましょう。

棚

食器や食べものを入れた棚にもよく現れます。食器は水分をしっかりふき取ってからしまいましょう。粉末からしを通気性のよいお茶パックなどの小袋に入れて棚に入れると効果的。

冷蔵庫

冷蔵庫の裏は暗くてあたたかいため、ごきぶりにとってかなり居心地のよい場所ですが、掃除しにくい場所です。ほう酸団子などを置きましょう。

それでもGがでたら…

やっつける

殺虫剤でシューッ、もうちょっと勇気があればスリッパや新聞紙でバッシーン。狙ったターゲットは逃さないハンター向き。

駆除する

ほう酸団子を置いたり、外出前に煙でごきぶりを駆除する、くん煙剤をセットしたりして、ごきぶりを根絶やしにしましょう。

壁

レンジまわりの壁に、調理中にはねた油や調味料がそのままこびりついていると、ごきぶりが寄ってきます。毎日きちんと汚れを落としましょう。

ごみ箱

水け・においに注意するのはもちろん、置き場所も要注意。ごきぶりは狭いすき間を好むため、壁にぴったりくっつけず、少し離したところに。

ほう酸団子の作り方

材料

ほう酸100g、水大さじ1、
小麦粉1/4カップ、
砂糖大さじ1、玉ねぎ小1個

作り方

玉ねぎをすりおろしたら、ほかの材料と混ぜ合わせ、耳たぶくらいのやわらかさになるまで練ります。直径2cm程度の団子を作り、アルミカップに入れたら1週間ほど自然乾燥させてできあがり。そのままごきぶりのでそうなところに仕掛けます。

4 片づけ

昔ながらの知恵を知る

自然素材を使った家事のコツは
おばあちゃんに教えてもらいましょう。

おばあちゃんに聞く

困ったなぁ
茶しぶがとれないよ〜
おばあちゃん。。
茶しぶは
スポンジに
塩をつけて
こすれば
良いのじゃよ
本当にキレイに
なった！
おばあちゃん
ありがとう！

冷蔵庫のにおい

炭がにおいのもとである雑菌を吸着します。葉もの野菜をシャキッとさせる効果も。炭は1〜2週間ごとに煮沸洗浄し乾燥させましょう。量のめやすは300g程度です。

密閉容器のにおい

密閉容器におかずのにおいがついたり、プラスティックのにおいが気になるときは、米のとぎ汁に一晩つけ置きしましょう。米ぬかがにおいや油を取り除きます。

鍋の焦げつき

焦げつきが隠れるくらいまでぬるま湯をはり、酢大さじ1〜2を加えます。15分くらい中火で煮たら木べらなどで焦げを落とし、お湯を捨てましょう。

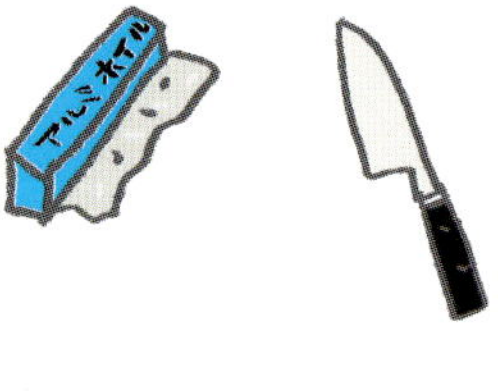

アルミホイル

包丁の切れ味

2枚重ねにしたアルミホイルを半分に折り、間に包丁を差し入れてスパッと切ります。これを2〜3回くり返すと新品同様の切れ味が復活。

5

道具

5 道具

保存グッズいろいろ

残ったおかずや食材の鮮度と味を
しっかりキープするために。

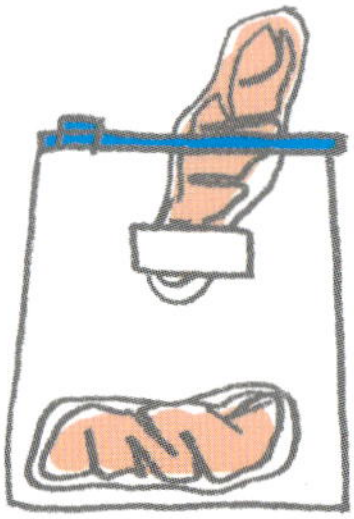

● フリージングパック

しっかり密閉できるジッパーつきの保存袋。食材の水分を逃さず、においがもれることもありません。袋に保存した日を書き込んでおくとよいでしょう。

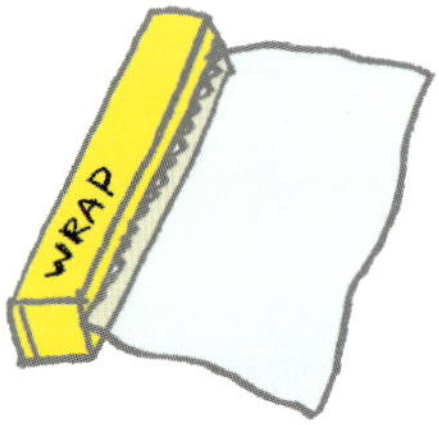

● ラップ

ふたがわりに容器を密閉したり、食材を包んで保存するときに。肉や魚などは空気と触れる面積が少なくなるよう、皿などは使わずラップでぴっちり包みましょう。

● ホウロウの保存容器

細菌が発生しにくく衛生的なホウロウの保存容器は、そのまま火にかけて、温め直すことができます。

● プラスティックの保存容器

おかずの残りを保存するときなどに。耐熱性のものにすれば電子レンジでチンしたあと、そのまま器として利用できます。

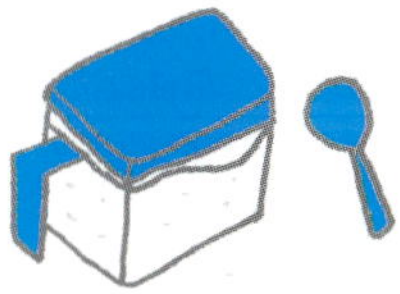

● **調味料入れ**

湿気に弱い塩や砂糖は専用容器に。調理中でもさっと取り出せるデザインのものを。

● **お茶ポット**

コーヒーや紅茶を入れてストックしておけば、いつでも気軽にティータイム！

● **バット**

下ごしらえした料理を冷蔵庫で寝かせるときに便利。食材を調味料に漬け込むときにも。

● **バターケース**

だんだんと、ヨレヨレになっていく銀紙に包まれたバターより、断然おいしそう！

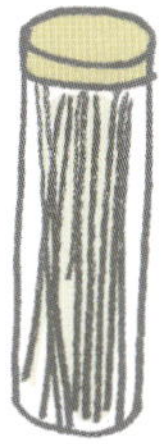

● **パスタ入れ**

パスタを湿気から守るパスタ入れは、キッチンのインテリアにもなりそう。

● **米びつ**

専用の米びつのほか、ガラスやホウロウなどの容器でも代用できます。

● **ジャムポット**

ジャムを作ったらジャムポットに保存。数種類そろえてテーブルをにぎやかに。

● **ガラス瓶**

透明なガラス瓶にはカラフルなキャンディやハーブなどを入れましょう。

● **缶**

クッキーやコーヒー豆を湿気からガード。お菓子の缶を再利用してもよいでしょう。

5
道具

キッチンばさみを使いこなす

包丁もまな板も使わずに
いろんな食材をスピードカット。

基本の使い方

薬味

まな板ににおいが移りやすい、ねぎやしそのような薬味は、キッチンばさみを使うと便利です。フライパンや器の上からザクザク切ればOK。

キムチ

キムチを切ると、汁でまな板が真っ赤になり、なかなか落ちません。器に盛りつけてから食べやすい大きさにカットしましょう。

春雨

春雨は、戻したあとに切ろうとするとツルツルしてイライラ。乾物のうちに切ってから鍋に入れましょう。

もっと使いこなそう

キッチンばさみって
便利ねぇ…

いわしの下処理

腹の部分を切り、わたを取り除きます。流水で腹のなかをきれいにして、ペーパータオルで水けをふき取りましょう。

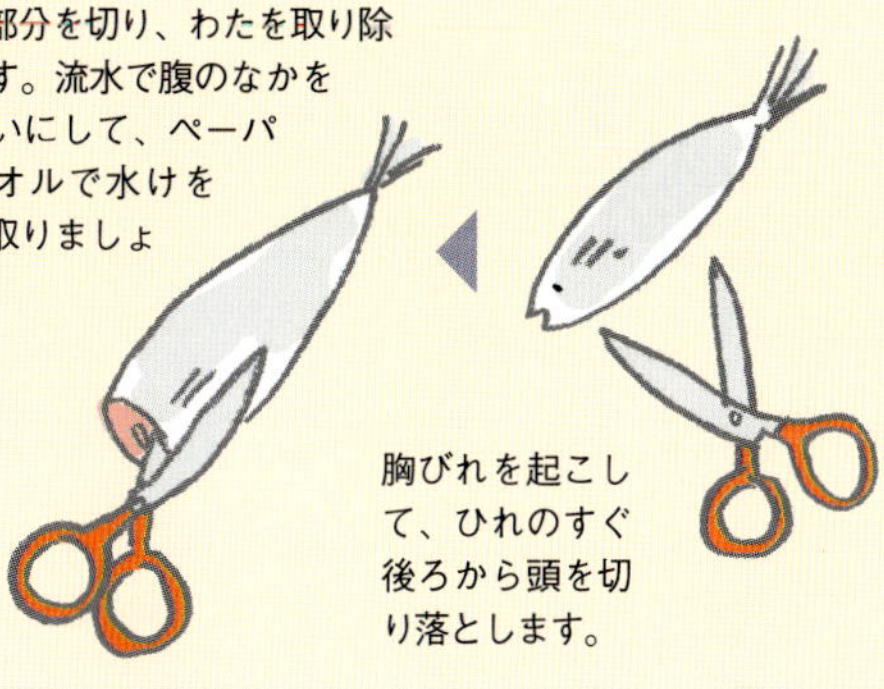

胸びれを起こして、ひれのすぐ後ろから頭を切り落とします。

鶏肉の下処理

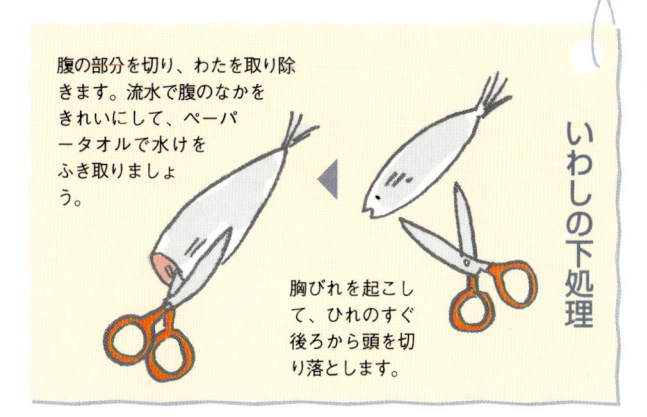

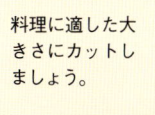

料理に適した大きさにカットしましょう。

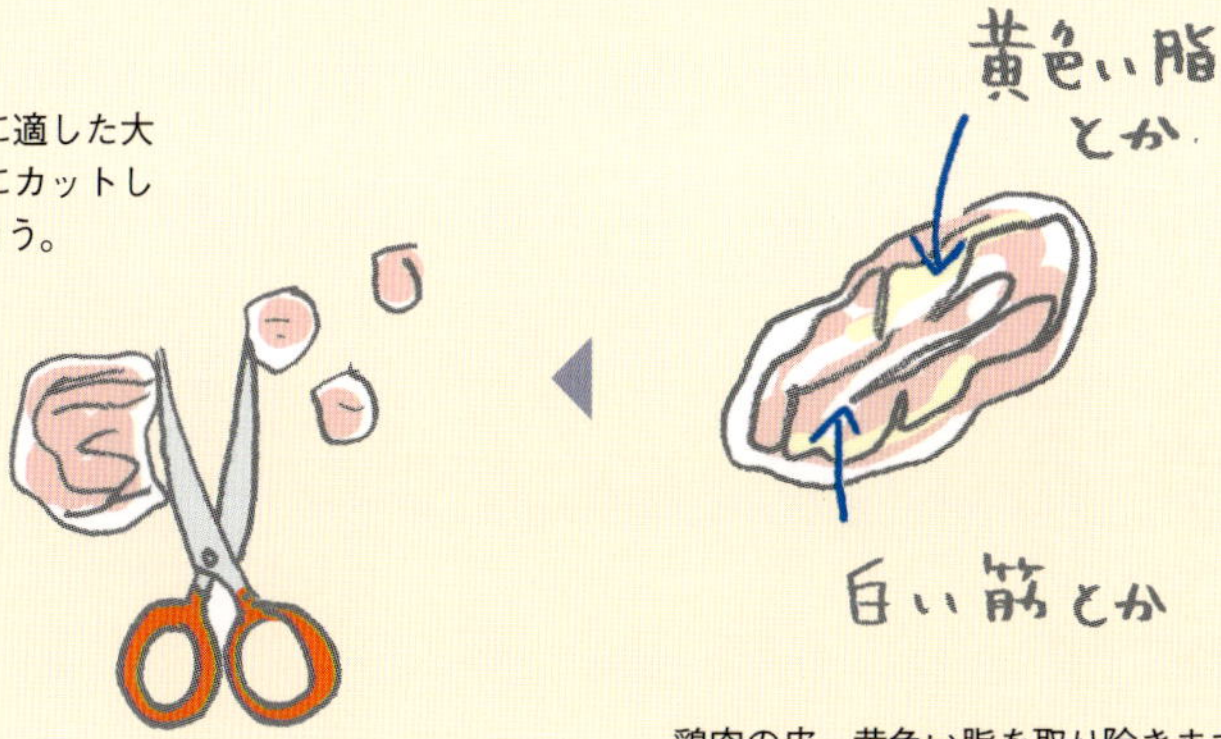
黄色い脂
とか
白い筋とか

鶏肉の皮、黄色い脂を取り除きます。肉の内側についた筋をカットしておくと、加熱したとき肉が縮みません。

5 道具

ピーラーを使いこなす

料理初心者の道具だなんて大きな誤解。料理上手のマストアイテムなのです！

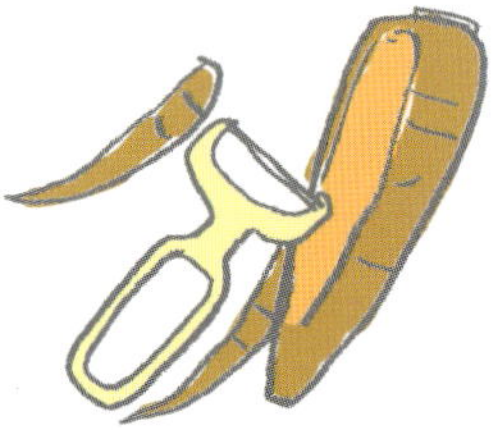

皮をむく

もっともオーソドックスな使い方です。ピーラーは力を入れずスーッと動かしたほうが、薄くきれいに皮をむくことができます。

スライスする

大きめのピーラーを使えば、包丁を使うよりずっと薄くスライスできます。野菜だけでなく、チェダーチーズなどをスライスしてサラダの具やおつまみにするのもおすすめ。

みじん切り

半分に切った玉ねぎに、包丁で縦に細かく切り込みを入れたら、みじん切りになるように、横方向からピーラーで切りましょう。

ささがき

ごぼうをささがきにするときは、縦に包丁で切れ目を入れてからピーラーでカットしましょう。切れ目を入れておくことで、薄くきれいなささがきになります。

せん切り

キャベツは1/4程度に切り、端からピーラーで切っていきます。にんじんやだいこんなどは、ピーラーで薄切りにしたものを重ねて包丁で切ると、厚さがそろいます。

ピーラーを使って野菜料理を作る

せん切り野菜のサラダ

にんじん、きゅうり、だいこんなどをピーラーを使ってせん切りにします。その上にカイワレだいこん、ブロッコリー、コーンなど好みの野菜をトッピングしてドレッシングをかければできあがり。せん切り野菜はドレッシングによくからみ、色鮮やかさが食欲をそそります。

ベジタブルチップス

さつまいも、じゃがいも、かぼちゃ、にんじんなどをピーラーでスライスし、水にさらします。水けをふき取ってから、160℃程度の油でカリッとするまで素揚げしましょう。塩のほか、カレー粉などをふりかけても美味。

5 道具

小道具テクニック

マルチに使えるキッチンツール。
こんな場面でも出番があります。

フォーク

長ねぎのみじん切り

長ねぎをみじん切りにするときは、まずフォークで縦に切れ目を入れてから、包丁で切ると簡単！

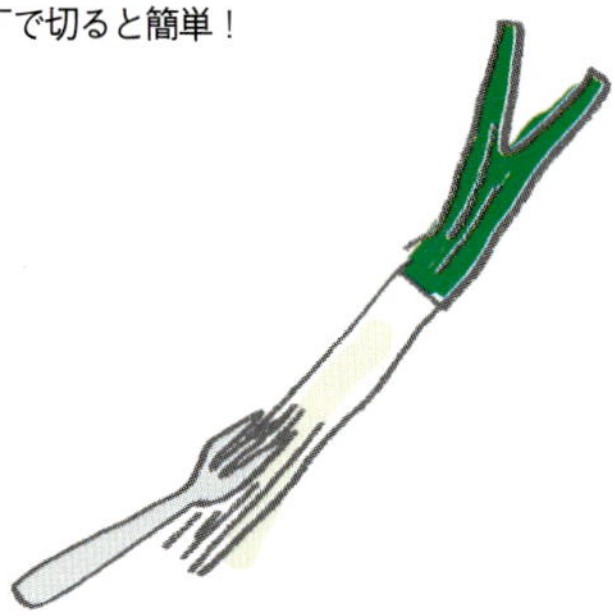

卵を混ぜる

卵を混ぜるとき、菜箸を使うとなかなか白身がほぐれないもの。フォークで混ぜると、きれいに仕上がります。

スプーン

ゴーヤのわたを取る

ゴーヤやかぼちゃのわたや種を取るときは、包丁より小回りがきくスプーンを使うと、細かい部分までしっかり取り除くことができます。

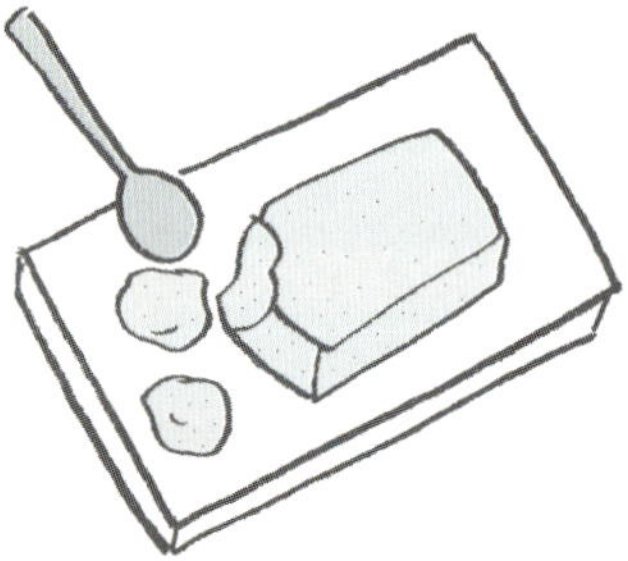

こんにゃくをちぎる

こんにゃくは包丁で切るより、ちぎったほうが味がよくしみます。スプーンを使うと見た目もよく、簡単にちぎれます。

ビニール袋

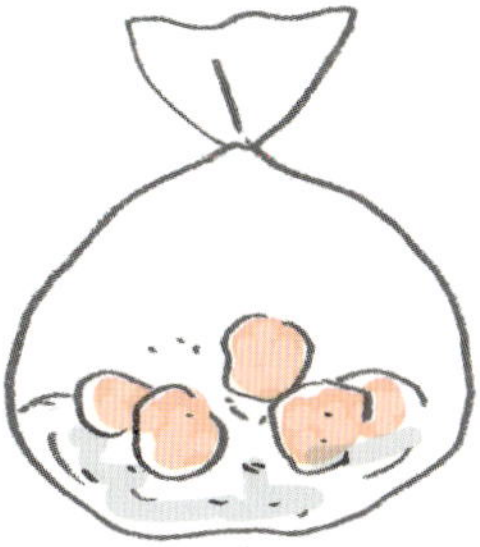

衣をつける

肉や魚に衣や調味料をまぶすとき、まな板やバットに粉をまくと後始末が大変。ビニール袋に粉類と素材を入れてシャカシャカ振ると、簡単にまんべんなくつけることができます。

アルミホイル

落としぶたとして使う

落としぶたは、野菜や魚を煮るとき、鍋より小さいふたをのせて、煮くずれを防ぎ、味をしみこませるためのもの。木のふたが一般的ですが、アルミホイルでも代用できます。

ネット

じゃがいもをつぶす

ポテトサラダやコロッケを作るとき、ゆでたじゃがいもをみかんネットに入れてギューッと押し出せば、マッシュポテトになります。

ゴム手袋

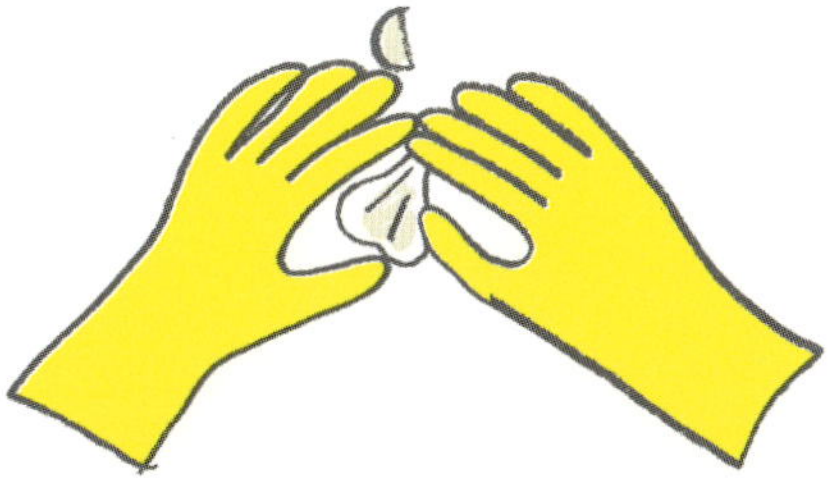

にんにくの皮をむく

爪を立てて必死にはがそうとしても、なかなかむけないにんにくの皮。ゴム手袋をはめて、両手で軽くもんだり転がすようにすると、あっさりむけます。

5 道具

電子レンジで温める

電子レンジは万能アシスタント。
なんでも完璧にこなしてくれます。

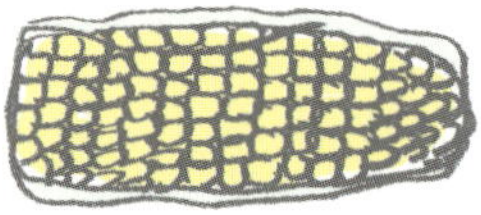

とうもろこしをゆでる

皮をむいてヒゲを取ったら、ラップに包んで加熱。100gにつき6分程度。弱設定にすると甘味が増します。

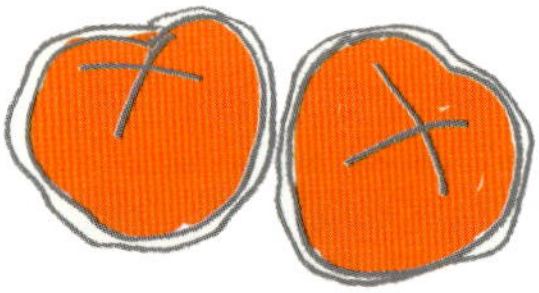

トマトを湯むきする

トマトのおしりに十字の切り込みを入れたらラップで包み、1個につき30秒加熱したら、上下を返してさらに30秒加熱します。冷水につけて切り込みから皮をむきましょう。

青菜をゆでる

水けを残したまま、葉と茎が交互になるようラップに並べて包んで加熱。1/3束で1分程度がめやすです。

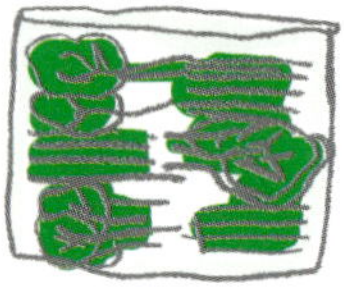

なすを蒸す

へたを取り、フォークで数か所穴をあけてからラップで包んで加熱します。1個につき、1分がめやすです。

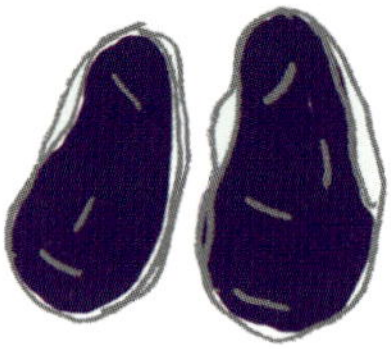

じゃがいもをゆでる

水けを残したじゃがいもを、フォークで数か所つついてからラップに包んで加熱。1個につき3分がめやすです。

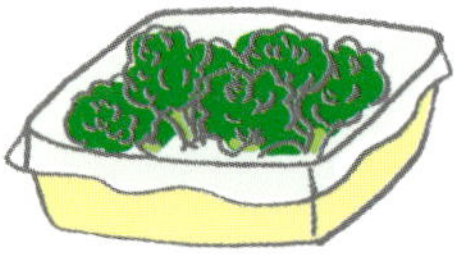

ブロッコリーをゆでる

小房に分けたブロッコリーを30秒ほど水にさらしたら、水けをきらずに耐熱皿に入れて、ラップをかけて加熱。100gにつき1分30秒程度がめやすです。加熱後はすぐ水につけましょう。

枝豆をゆでる

枝豆を洗い、塩少々をふってもんだら、水けを残したまま耐熱皿に入れ、ラップをかけて加熱します。100gにつき3分程度がめやすです。

かぼちゃをゆでる

種とわたを取って、ひと口大に切ったら、耐熱皿にのせてラップをかけて加熱します。1/4個につき5分程度がめやすです。

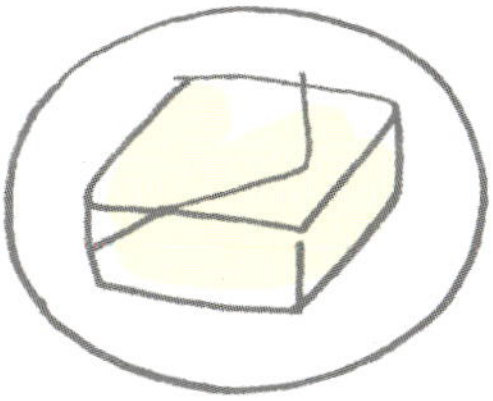

豆腐の水けをきる

ペーパータオル3〜4枚で包み、ラップなしで加熱。1丁(300g)につき3分程度がめやすです。余熱で「す」が入らないよう、すぐ取り出しましょう。

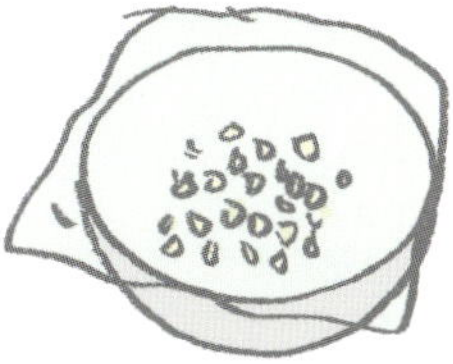

玉ねぎを炒める

みじん切りにした玉ねぎを耐熱ボウルに入れ、ラップをかけて加熱します。1個分につき3分程度がめやすです。

だしをとる

かつお節15gと水1カップを入れた耐熱ボウルにラップをかけて2分加熱。料理に応じて水を加え調整します。

ホワイトソースを作る

耐熱ボウルに小麦粉15gと1cm角程度に切ったバター15gを入れて1分加熱。泡だて器でさっと混ぜてから牛乳200mlを少しずつ加えてソースをのばします。塩、こしょう各少々で味つけし、さらに5分加熱。途中で2回くらい取り出し、泡だて器で混ぜましょう。

ご飯を温める

ご飯がパサパサしていたり、かためのときは、水をふりかけてからラップをして加熱。1膳につき1分程度がめやすです。

乾物をもどす

乾燥ひじき、切干しだいこん、干ししいたけなどは水といっしょに耐熱ボウルに入れ、ひと混ぜして乾物に水をなじませてからラップをかけて3分程度加熱します。

ラップのかけ方

ラップをかけるときは、ふんわりとかけるのが基本。とくに液体を入れたもの、水分を多く含む食材は加熱中に水分が蒸発しラップが大きく膨らむため、破裂しないよう注意しましょう。

加熱のコツ

ムラなく加熱するには、ターンテーブルの中央を避け、端に置くのがポイント。また材料の大きさをそろえることも大切です。

5 道具

電子レンジで調理

電子レンジの魅力にはまったら
こんな本格料理も作ってみましょう。

さやえんどうのバター炒め

ひとつかみ程度のさやえんどうの筋を取り、水洗いする。水けをきって塩、こしょう各少々で味つけし、バター5gをのせたらラップをかけて2分程度加熱する。

かぼちゃの煮もの

かぼちゃ1/4個は種とわたを取り除き、3cm角に切る。耐熱ボウルにだし汁(P.52参照)1カップ、しょう油大さじ1、砂糖大さじ1/2を入れて混ぜたら、かぼちゃを入れ、ラップをして10分程度加熱する。

アサリの酒蒸し

砂出しをして、よく洗ったアサリ200gを耐熱皿に入れ、酒大さじ1を加えたら、ラップをして2〜3分、貝の口が開くまで加熱する。

スクランブルエッグ

耐熱容器に卵1個、マヨネーズ小さじ1、牛乳小さじ1、塩、こしょう各少々を入れてよく混ぜたら、ラップをせずに20秒程度加熱。取り出してかき混ぜる。それから10秒ずつ加熱しては混ぜをくり返し、好みのかたさになったらできあがり。

いちごジャム

いちご150gは洗ってヘタを取り、耐熱ボウルに入れます。そこに砂糖50gをかけて30分ほどおいてから、ラップをかけ3分加熱。取り出してアクを取り、ラップを外してさらに5分加熱し、粗熱がとれたらレモン汁小さじ1を入れる。

蒸しケーキ

ボウルにホットケーキミックス100g、卵1個、砂糖、牛乳、サラダ油各大さじ3を入れて、よく混ぜたら、マフィンカップ(約8個)に流し入れ、4分程度加熱する。はちみつをかけても美味。

電子レンジのワット数

一般的な電子レンジは６００Ｗに設定されているため、レシピの多くは６００Ｗでの加熱時間を標準にしています。使っているレンジが５００Ｗなら1.2倍、７００Ｗの場合は0.8倍の加熱時間になります。新しいレシピに挑戦するときは加熱時間を短めにセットし、様子を見ながら少しずつ加熱しましょう。

5 道具

炊飯器を活用する

ご飯も炊ければケーキも作れる！
失敗ナシ、後始末簡単の炊飯器レシピ。

・玄米を炊く

炊飯器に洗った玄米、その1.3倍程度の水、塩をひとつまみ入れて一晩おいてから炊飯します。炊き上がったらそのまま15分程度蒸らしましょう。

・おかゆを作る

最近の炊飯器には、おかゆモードがついています。プレーンな白がゆだけでなく、だいこんやにんじんの薄切りに塩少々を加えて野菜がゆにしたり、ほうじ茶で炊く茶がゆにしてもよいでしょう。

・ゆで卵を作る

ご飯を炊くとき、アルミホイルに包んだ卵をいっしょに入れてスイッチオン。ご飯とゆで卵が同時にできます。

・温泉卵を作る

常温にもどした卵を炊飯器に入れ、70℃のお湯を卵がかぶるくらいまで注いで、40〜45分保温状態にすればできあがり。

気をつけて！

煮汁が多いと吹きこぼれてしまうため、最大目盛りの7割をこえないよう分量を調節しましょう。また、できあがった料理を炊飯器で保温していると味が濃くなってしまいます。すぐに別の容器に移しましょう。

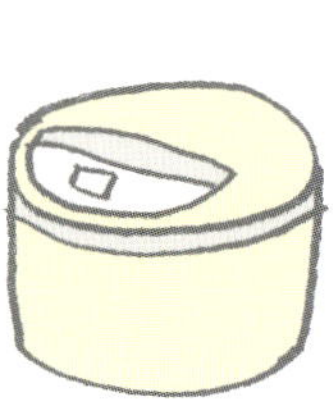

炊飯器でお手軽料理

バナナケーキ

ボウルにフォークの背でつぶしたバナナ1本、溶かしバター30g、ホットケーキミックス200g、卵1個、牛乳100ml、砂糖50gを入れ、よく混ぜたら、炊飯器の内釜にバター(分量外)を塗り、生地を流し入れて普通に炊飯する。炊飯終了後、竹串をさして生地がつくようなら、再度炊飯。ホームパーティやプレゼント向きのホールケーキのできあがり！

だいこんと豚肉の煮もの

下ゆでした豚バラ肉の薄切り50gを炊飯器の底にしいて、適当な大きさに切っただいこん1/4本を入れたら、水でやや薄めた3倍希釈のめんつゆを材料がかぶるくらいに入れて普通に炊飯する。

野菜スープ

キャベツ1/6個、玉ねぎ1/2個、ベーコン3枚を細かく切り、洋風スープの素大さじ2、水3カップとともに普通に炊飯。40分くらいたったら、塩、こしょうで味をととのえます。

ポテトサラダ

洗ったじゃがいもは半分に切り、アルミホイルに包んで米といっしょに普通に炊飯。じゃがいもの皮をむいてつぶし、塩、こしょうをする。ハム、塩もみしたきゅうり、下ゆでしたにんじんなどと混ぜ合わせ、マヨネーズ、レモン汁で調味して器に盛りつける。

5 道具

魚焼きグリル活用術

ガスレンジのおまけではありません！
もっとグリルを使ってみましょう。

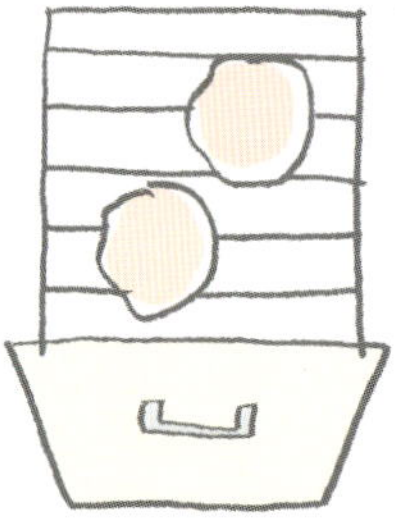

肉もおいしく

グリルで調理すると、余分な油が流れ落ちるため、フライパンに比べて20～25%の油をカットすることができます。ヘルシーかつジューシーな仕上がりに大満足。

魚をおいしく

グリルといえばやはり魚。高温で一気に焼き上げるため、水分とうま味をギュッと閉じ込めることができます。一尾魚、切り身魚、みそ漬けなど、焼き魚ならなんでもおまかせ。

揚げものもカリカリ

天ぷらやフライなど、揚げものの温め直しには魚焼きグリルがおすすめ。表面の水分を高温で蒸発させるため、揚げたてのサクサクした食感がよみがえります！

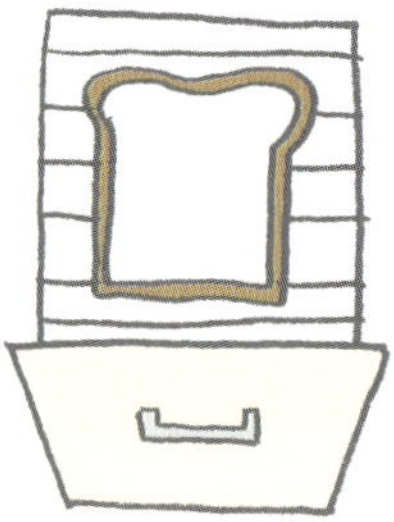

トーストもおいしく

外はカリッ、なかはフワフワという極上トーストを楽しめます。ソーセージや野菜などをいっしょに焼けば朝食の準備完了。

魚焼きグリルのポイント

魚焼きグリルには、火口が上にだけついている片面タイプと、上下についている両面タイプがあります。両面タイプの調理時間は片面焼きタイプの2/3程度。表裏同時に焼けるため、裏返す必要はありません。

グリルの手入れ

網のくっつき予防

予熱で網を熱くし、網にレモン汁や酢を塗っておくと、素材がくっつきにくくなります。それでも、うまくひっくり返せないときは、一度火をとめて冷ましてから再挑戦してみましょう。

お掃除法

まだ熱が残っているうちに、中性洗剤とお湯で洗います。網と受け皿の頑固な油汚れは網がつかる程度のお湯を受け皿にはり、重曹をふりかけてつけ置き洗いするのがおすすめ。

● 納豆の袋焼き

納豆、薄く小口切り(P.58参照)にした長ねぎ、納豆のタレを加えて混ぜる。半分にした油揚げの口を開き納豆を詰めたら、つまようじで口を閉じ、グリルで焦げ目がつくまで焼き上げる。

● グリル野菜のサラダ

エリンギ、パプリカ、玉ねぎ、ミニトマト、なすなどをグリルで焦げ目がつくまで焼いたら、適量のオリーブオイル、塩、レモン汁にからめるだけ。シンプルなだけに素材のうま味が伝わる一品に。

● スイートポテト

さつまいも300gは皮をむいて適当な大きさに切り、やわらかくなるまでゆでる。バター40gと卵黄1個分をクリーム状に練り、よくつぶしたさつまいもと混ぜておく。そこに砂糖50gを少しずつ加えて、最後にバニラエッセンス少々を入れる。タネをアルミ型に入れたら(約4個)、溶いた卵黄1個分と水小さじ1を混ぜたものを表面に軽くぬり、焦げ目がつくまでグリルで焼き上げる。

5 道具

鍋いろいろ

フライパン

食材がくっつきにくいフッ素樹脂加工タイプ、ムラなく熱がまわり、使うごとに油がなじむ鉄製タイプがあります。焦げついた場合、フッ素樹脂加工タイプは洗剤を加えた水を入れ、5分ほど沸騰させてからスポンジで洗い、鉄製タイプはスチールウールでこすり洗いしましょう。

ホウロウ鍋

シチューなどの煮込み料理に最適。酸に強く、トマトや酢を使う料理にも向いています。表面のコーティングがはがれてしまうため、炒めものをするときは、鍋を熱する前に油を入れましょう。洗うときもやわらかいスポンジで。

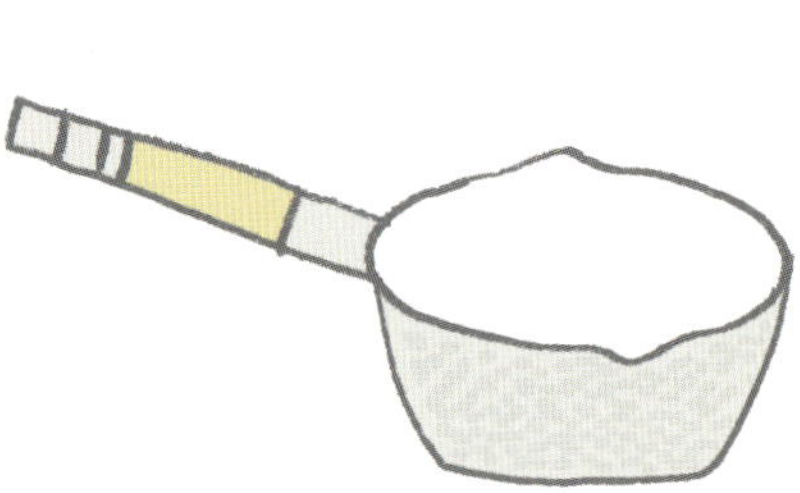

アルミ鍋

軽くて丈夫、手入れも簡単なアルミ鍋は、ほとんどの料理に対応できます。酢や塩分に弱いため、調理後はすぐ器に移しかえましょう。鍋が黒ずんできたら、水とりんごの皮を入れて沸騰させ、しばらく弱火で煮たあと、中身を捨ててスポンジで磨きます。

やる気が出てきた私にプレゼント。新しい鍋を買っちゃいましょう!

● 中華鍋

鉄製の中華鍋は熱の伝わりがよく、高温に強いため、揚げものや炒めものに適しています。また鍋の面積が広いため、食材同士が重ならずシャキッと仕上がるのもメリット。使った後は火にかけて水けを完全に飛ばし、表面に薄く油を塗ってからしまいましょう。

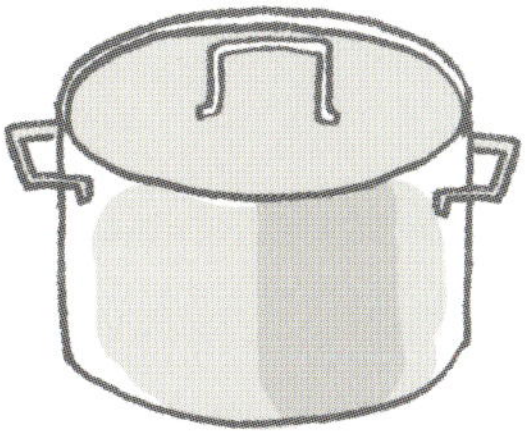

● ステンレス鍋

オールマイティなレシピに対応できるステンレス鍋は、傷がつきにくく、クレンザーを使ってしっかり洗えるため(一部を除く)、清潔さと美しさをキープできます。鍋の外側のベタつきが気になるときは、丸めたラップにステンレス用クリーナーをつけて、鍋が乾いた状態で横方向に磨くときれいになります。

● 土鍋

保温性が高く、じっくり熱がまわる土鍋は鍋料理だけでなく、ご飯やおかゆを炊くときにもおすすめ。ひび割れしないよう、必ず鍋底が乾いた状態で火にかけます。急激な温度変化に弱いため、まだ鍋が熱い状態での水洗いはNGです。

番外編

● やかん

火にかけるという意味では、やかんも忘れてはならない鍋のひとつ。キッチンのインテリアにもなるため、デザインにもこだわって選びたいところ。素朴な印象のホウロウ製などが人気です。調理中、やかんにお湯を沸かしておくとなにかと便利。やや大きめサイズを選ぶとよいでしょう。

staff

イラスト　石坂しづか

デザイン　新本美佳

レシピ作成　志賀靖子

執　　筆　平瀬菜穂子・丸山みき

企画・編集　成美堂出版編集部
（川上裕子・斉田麻理子）

ひとり暮らしさんの上手な自炊生活

編　者　成美堂出版編集部

発行者　深見悦司

発行所　成美堂出版
〒162-8445　東京都新宿区新小川町1-7
電話(03)5206-8151　FAX(03)5206-8159

印　刷　株式会社 フクイン

ISBN978-4-415-30335-2